DE EUCLIDES A VARGAS LLOSA
ANTÔNIO CONSELHEIRO NAS BATALHAS DA LITERATURA

Editora Appris Ltda.
1.ª Edição - Copyright© 2024 do autor
Direitos de Edição Reservados à Editora Appris Ltda.

Nenhuma parte desta obra poderá ser utilizada indevidamente, sem estar de acordo com a Lei nº 9.610/98. Se incorreções forem encontradas, serão de exclusiva responsabilidade de seus organizadores. Foi realizado o Depósito Legal na Fundação Biblioteca Nacional, de acordo com as Leis nºs 10.994, de 14/12/2004, e 12.192, de 14/01/2010.

Catalogação na Fonte
Elaborado por: Dayanne Leal Souza
Bibliotecária CRB 9/2162

L533e
2024
	Leite, Leonardo Guimarães
	    De Euclides a Vargas Llosa: Antônio Conselheiro nas batalhas da literatura / Leonardo Guimarães Leite. – 1. ed. – Curitiba: Appris, 2024.
	    151 p. : il. ; 23 cm. – (Coleção Ciências Sociais – Seção História).
	
	    Inclui referências.
	    ISBN 978-65-250-7080-3
	
	    1. Antônio Conselheiro. 2. Literatura. 3. Mario Vargas Llosa. 4. Memória. 5. Representações. I. Leite, Leonardo Guimarães. II. Título. III. Série.
	
	    CDD – 800

Livro de acordo com a normalização técnica da ABNT

Editora e Livraria Appris Ltda.
Av. Manoel Ribas, 2265 – Mercês
Curitiba/PR – CEP: 80810-002
Tel. (41) 3156 - 4731
www.editoraappris.com.br

Printed in Brazil
Impresso no Brasil

Leonardo Guimarães Leite

DE EUCLIDES A VARGAS LLOSA
ANTÔNIO CONSELHEIRO NAS BATALHAS DA LITERATURA

Appris editora

Curitiba, PR
2024

FICHA TÉCNICA

EDITORIAL	Augusto Coelho
	Sara C. de Andrade Coelho

COMITÊ EDITORIAL:
- Ana El Achkar (Universo/RJ)
- Andréa Barbosa Gouveia (UFPR)
- Antonio Evangelista de Souza Netto (PUC-SP)
- Belinda Cunha (UFPB)
- Délton Winter de Carvalho (FMP)
- Edson da Silva (UFVJM)
- Eliete Correia dos Santos (UEPB)
- Erineu Foerste (Ufes)
- Fabiano Santos (UERJ-IESP)
- Francinete Fernandes de Sousa (UEPB)
- Francisco Carlos Duarte (PUCPR)
- Francisco de Assis (Fiam-Faam-SP-Brasil)
- Gláucia Figueiredo (UNIPAMPA/ UDELAR)
- Jacques de Lima Ferreira (UNOESC)
- Jean Carlos Gonçalves (UFPR)
- José Wálter Nunes (UnB)
- Junia de Vilhena (PUC-RIO)
- Lucas Mesquita (UNILA)
- Márcia Gonçalves (Unitau)
- Maria Aparecida Barbosa (USP)
- Maria Margarida de Andrade (Umack)
- Marilda A. Behrens (PUCPR)
- Marília Andrade Torales Campos (UFPR)
- Marli Caetano
- Patrícia L. Torres (PUCPR)
- Paula Costa Mosca Macedo (UNIFESP)
- Ramon Blanco (UNILA)
- Roberta Ecleide Kelly (NEPE)
- Roque Ismael da Costa Güllich (UFFS)
- Sergio Gomes (UFRJ)
- Tiago Gagliano Pinto Alberto (PUCPR)
- Toni Reis (UP)
- Valdomiro de Oliveira (UFPR)

SUPERVISORA EDITORIAL	Renata C. Lopes
PRODUÇÃO EDITORIAL	Adrielli de Almeida
REVISÃO	Andrea Bassoto Gatto
DIAGRAMAÇÃO	Amélia Lopes
CAPA	Lívia Weyl
PINTURA DA CAPA	Título da pintura: o Antônio que desafiou o mundo (2024)
	Autor: Jean Lima
	Pintura em aquarela
REVISÃO DE PROVA	William Rodrigues

COMITÊ CIENTÍFICO DA COLEÇÃO CIÊNCIAS SOCIAIS

DIREÇÃO CIENTÍFICA	Fabiano Santos (UERJ-IESP)

CONSULTORES:
- Alícia Ferreira Gonçalves (UFPB)
- Artur Perrusi (UFPB)
- Carlos Xavier de Azevedo Netto (UFPB)
- Charles Pessanha (UFRJ)
- Flávio Munhoz Sofiati (UFG)
- Elisandro Pires Frigo (UFPR-Palotina)
- Gabriel Augusto Miranda Setti (UnB)
- Helcimara de Souza Telles (UFMG)
- Iraneide Soares da Silva (UFC-UFPI)
- João Feres Junior (Uerj)
- Jordão Horta Nunes (UFG)
- José Henrique Artigas de Godoy (UFPB)
- Josilene Pinheiro Mariz (UFCG)
- Leticia Andrade (UEMS)
- Luiz Gonzaga Teixeira (USP)
- Marcelo Almeida Peloggio (UFC)
- Maurício Novaes Souza (IF Sudeste-MG)
- Michelle Sato Frigo (UFPR-Palotina)
- Revalino Freitas (UFG)
- Simone Wolff (UEL)

Era o profeta, o emissário das alturas, transfigurado por ilapso estupendo, mas adstrito a todas as contingências humanas, passível do sofrimento e da morte, e tendo uma função exclusiva: apontar aos pecadores o caminho da salvação. Satisfez-se sempre com esse papel de delegado dos céus. Não foi além. Era um servo jungido à tarefa dura; e lá se foi, caminho dos sertões bravios, largo tempo, arrastando a carcaça claudicante, arrebatado por aquela ideia fixa, mas de algum modo lúcido em todos os atos, impressionando pela firmeza nunca abalada e seguindo para um objetivo fixo com finalidade irresistível.

(Euclides da Cunha, Os sertões, 1902)

El hombre era alto y tan flaco que parecía siempre de perfil. Su piel era oscura, sus huesos prominentes y sus ojos ardían con fuego perpetuo. Calzaba sandalias de pastor y la túnica morada que le caía sobre el cuerpo recordaba el hábito de esos misioneros que, de cuando en cuando, visitaban los pueblos del sertón bautizando muchedumbres de niños y casando a las parejas amancebadas. Era imposible saber su edad, su procedencia, su historia, pero algo había en su facha tranquila, en sus costumbres frugales, en su imperturbable seriedad que, aun antes de que diera consejos, atraía a las gentes.

(Mario Vargas Llosa, La guerra del fin del mundo, 1981)

AGRADECIMENTOS

Escrever um livro não é uma tarefa fácil. O certo é que com toda dificuldade existente essa etapa nunca seria vencida se ao meu lado não estivessem pessoas que me auxiliassem das mais diferentes formas. Por isso, os agradecimentos tornam-se necessários, pois um trabalho dessa natureza nunca é um esforço individual. Portanto, agradeço principalmente:

A Deus e à minha família, especialmente à minha esposa, Danielle, aos meus pais, Jorge e Cristina, e demais familiares que sempre me apoiaram.

Aos meus orientadores de graduação e mestrado, Nuno Gonçalves Pereira e Raimundo Nonato. Agradeço a ambos pelo incentivo, pelas instruções, pela amizade e por contribuírem com textos que enriqueceram este livro.

Aos meus colegas de trabalho das escolas em que atuo e aos meus amigos, especialmente do "Bar de Skinha", no qual, além de momentos de muita diversão e resenha, trocamos informações e reflexões sobre diversos assuntos que estão presentes neste livro.

À Universidade Federal do Recôncavo da Bahia (UFRB) e ao Programa de Pós-Graduação em História Regional e Local (UNEB), por me acolherem com tanto carinho e onde pude desenvolver a pesquisa que gerou este livro.

À Coordenação de Aperfeiçoamento de Pessoal de Ensino Superior (Capes), pela bolsa concedida.

À memória da comunidade de Belo Monte e seu líder Antônio Conselheiro.

PREFÁCIO

A experiência do movimento de Canudos (1893-1897) em muito sobreviveu no imaginário e na memória de nossa nacionalidade graças a uma das maiores obras da Literatura brasileira (sem prejuízo do seu caráter de discurso sobre a realidade): *Os Sertões* (1902), de Euclides da Cunha (1866-1909). O livro resultou do impacto da Guerra de Canudos (1896-1897) sobre o engenheiro militar e intelectual, que havia se desiludido com os descaminhos da jovem República brasileira.

Os Sertões foi originalmente concebido como um ambicioso projeto literário, a partir de uma série de dois ensaios, escrita para *O Estado de São Paulo* (em 14 de março e 17 de julho de 1897), sob o título *A nossa Vendeia*, à qual foram acrescidas as reportagens do correspondente de guerra e os variados materiais resultantes da "reviravolta de opinião" euclidiana, que sobreveio à derrota do povo do *Belo Monte* frente às tropas federais após uma sangrenta guerra civil.

No curso do seu projeto literário, Euclides deparou-se com a imperiosa tarefa de explicar e representar a trajetória do peregrino Antônio Vicente Mendes Maciel (1830-1897), o *Conselheiro*. Sobre o ponto em questão, pode-se afirmar que, no geral, os juízos euclidianos acerca da complexa personagem foram manifestamente negativos, conforme sugerem as desairosas expressões "anacoreta sombrio", "grande homem pelo avesso", "gnóstico bronco" e "bufão arrebatado numa visão do Apocalipse", somente para citar algumas das mais conhecidas. De toda sorte, as representações de Euclides da Cunha acerca do *Conselheiro* saltaram das páginas de *Os Sertões* e ocuparam lugar de destaque na Literatura, na História, nas Ciências Humanas, no imaginário e na memória nacional.

O livro que tenho a honra de prefaciar acrescenta mais um capítulo ao grande esforço teórico envidado por intelectuais brasileiros e estrangeiros na perspectiva de compreender o movimento de Canudos e problematizar as elaborações atinentes ao *Bom Jesus Conselheiro*.

A obra, de autoria do professor Leonardo Guimarães Leite, sintetiza uma competente pesquisa, desenvolvida no Programa de Pós-Graduação em História Regional e Local da UNEB e defendida, sob o formato de uma dissertação, em novembro de 2013. Assim, o historiador revisita as representações dos contemporâneos (inclusive Euclides) sobre o *Conselheiro*.

Prosseguindo, aborda a tentativa do literato peruano Mario Vargas Llosa (1936-) de reescrever *Os Sertões*, na obra de ficção histórica *La guerra del fin del mundo* [*A guerra do fim do mundo*, 1981].

Na sessão que considero o ponto alto do livro, Leonardo Leite coteja, discute e elabora um balanço das representações do *Conselheiro* nas obras de Euclides e de Vargas Llosa, procurando estabelecer afinidades e discrepâncias nas maneiras a partir das quais os dois gigantes da literatura latino-americana interpretaram e ressignificaram as elaborações sobre Antônio Mendes Maciel, personagem da história e da literatura.

À guisa de conclusão, gostaria de sublinhar que este livro é um dos frutos do processo de democratização do sistema universitário, que proporcionou ao professor Leonardo Leite (assim como a milhares de jovens do interior baiano) o acesso à educação superior e ao estudo da História. Como o leitor ou a leitora constatará, o autor não desperdiçou a chance e brindou-nos com uma obra que merece ser lida.

Prof. Dr. Raimundo Nonato Pereira Moreira
Professor Pleno de História Contemporânea/Universidade do Estado da Bahia

SUMÁRIO

INTRODUÇÃO 15

1
REPRESENTAÇÕES DE UM *FANÁTICO*: ANTÔNIO CONSELHEIRO ENTRE EUCLIDES E OS CONTEMPORÂNEOS 17
   1.1 ANTÔNIO CONSELHEIRO NA IMPRENSA: PRIMEIRAS REPRESENTAÇÕES 19
   1.2 O CONSELHEIRO NAS CRÔNICAS DE MACHADO DE ASSIS E OLAVO BILAC 29
   1.3 COMO DESCREVER UM FANÁTICO: CIÊNCIA E DISCURSO OFICIAL 40
   1.4 "O MAIS SÉRIO INIMIGO DA REPÚBLICA": CONSELHEIRO NA VENDEIA BRASILEIRA 55
   1.5 EUCLIDES DA CUNHA E SUAS IMPRESSÕES "NO CALOR DA HORA" 59
   1.6 REPRESENTAÇÕES DE CONSELHEIRO EM *OS SERTÕES* 65

2
***LA GUERRA DEL FIN DEL MUNDO*: ESCRITA E REELABORAÇÃO DE ANTÔNIO CONSELHEIRO** 75
   2.1 REELABORAÇÃO DA HISTÓRIA DA GUERRA DE CANUDOS: NOTAS SOBRE A PRODUÇÃO DE *LA GUERRA DEL FIN DEL MUNDO*............. 75
   2.2 *LA GUERRA DEL FIN DEL MUNDO*: LITERATURA E HISTÓRIA 85
   2.3 AS VOZES DE VARGAS LLOSA: PERSONAGENS DO UNIVERSO DE *LA GUERRA DEL FIN DEL MUNDO* 91
   2.4 ANTÔNIO CONSELHEIRO: UMA PERSONAGEM DA HISTÓRIA LATINO-AMERICANA 96

3
ENTRE A LITERATURA E A HISTÓRIA: REPRESENTAÇÕES DE ANTÔNIO CONSELHEIRO.. 111
   3.1 INTERSEÇÕES ENTRE EUCLIDES DA CUNHA E VARGAS LLOSA 111
   3.2 REPRESENTAÇÕES DE CONSELHEIRO: UM BALANÇO 121

CONSIDERAÇÕES FINAIS 135

FONTES 139
   1. JORNAIS 139
   2. REVISTAS 139
   3. ROMANCES E OUTROS LIVROS 139
   4. LIVROS DE EUCLIDES DA CUNHA 140
   5. LIVROS DE VARGAS LLOSA 140
   6. FONTES IMPRESSAS 141

REFERÊNCIAS 143

INTRODUÇÃO

A história de Antônio Conselheiro e Canudos sempre estiveram imersas numa grande batalha discursiva. José Calasans (1915-2001), o maior estudioso da Guerra de Canudos (1896-1897), destacou que o estudo do beato cearense tratava-se de um grande tema, e foi por meio de um livro de literatura publicado na década de 1980, escrito por um peruano, que pude perceber toda a grandiosidade e a relevância do Conselheiro como um recorte de estudo historiográfico.

Com a leitura de *La guerra del fin del mundo (1981)*, comecei a refletir que realmente era possível compreender a Guerra de Canudos a partir das representações criadas e recriadas sobre o líder sertanejo da comunidade de Belo Monte. Ainda na graduação, buscando conhecer melhor a história e a historiografia que envolviam essa temática, alguns questionamentos surgiram: o que escrever de original sobre um indivíduo tão interpretado e tão estudado? Como minha pesquisa poderia contribuir com os estudos sobre esse personagem?

Prefaciando o livro, *Incompreensível e bárbaro inimigo*, novamente José Calasans elogiou a iniciativa do autor em analisar os discursos sobre a Guerra de Canudos com base na voz dos contemporâneos e comentou: "José A. C. B. Bastos está na obrigação de estudar os discursos posteriores, atualizando o Belo Monte". Sem querer cair na pretensão de dar continuidade à análise começada por José Bastos e reclamada por José Calasans, este livro objetiva seguir um caminho semelhante: investigar as representações de Antônio Conselheiro na literatura.

Como se sabe, Canudos e Antônio Conselheiro continuam sendo alvos de diversas formas de publicações e produções artísticas de autores brasileiros e estrangeiros. Mesmo levando em consideração "apenas" um recorte literário, um estudo dessa natureza não daria conta da complexidade de abordar as representações de Conselheiro em toda literatura de ficção e de caráter memorialístico, produzida sobre o tema.

Dessa maneira, este livro privilegia a análise de duas obras clássicas: *Os Sertões* (1902), de Euclides da Cunha, e *La guerra del fin del mundo* (1981), de Mario Vargas Llosa. Como uma das justificativas para a escolha, destaco que essas obras auxiliam na compreensão de como foram construídas, reelaboradas e reescritas as representações de Antônio Conselheiro na literatura.

Aparentemente, um conflito no sertão da Bahia no final do século XIX, que gerou depois a guerra civil responsável por dizimar milhares brasileiros, não teria muita relevância para um peruano cosmopolita do século XX, com muitos anos de vivência na Europa. Todavia, a ressignificação da Guerra de Canudos realizada por Mario Vargas Llosa, promovendo-a a evento síntese da história de todo um continente (a América), mostra-nos que é possível entender o local e o regional (apesar de toda a complexidade historiográfica que cerca esses termos) além da delimitação de um espaço geográfico e sociocultural circunscrito, onde se dão as relações humanas. Mais do que isso, o local é, também, ponto de partida para reelaborações e recriações de diversas ideias. Dessa forma, é importante salientar que a literatura não apenas representa o real, mas se mostra fundamental para o estudo do imaginário e das ideias de uma determinada época.

As obras em análise aproximam-se, apesar do tempo, espaço e características narrativas distintas, na medida em que fornecem ricas descrições da Guerra de Canudos e da vida de Antônio Conselheiro. Isso nos auxilia a compreender de uma forma mais completa esse evento tão importante da história do Brasil e como foram elaboradas, a partir delas, várias representações sobre o Conselheiro, acrescentando novas páginas nessa batalha que envolve a memória desse personagem. Além disso, é notável ainda, em vários aspectos, a importância que *Os Sertões* tem para a escrita de *La guerra del fin del mundo*, como demonstrarei ao longo do texto.

Esta obra foi dividida em três capítulos. No primeiro, analiso as principais representações elaboradas sobre Antônio Conselheiro por Euclides da Cunha e pelos seus contemporâneos, mediante várias modalidades de discursos – científico, memorialístico, historiográfico e literário.

No segundo, discuto como Vargas Llosa ressignificou a Guerra de Canudos e a imagem do Conselheiro a partir da perspectiva literária e memorialística, além das relações de intertextualidade existentes entre *Os Sertões* e *La guerra del fin del mundo*.

Finalmente, realizo um balanço no terceiro capítulo acerca das representações do Conselheiro em Euclides da Cunha e Vargas Llosa, explorando as sintonias e as discrepâncias existentes entre os autores (concepções ideológicas, literárias e políticas) e entre as análises sobre Antônio Conselheiro nas obras estudadas.

As batalhas envolvendo a memória de Antônio Conselheiro ainda continuam sendo travadas na literatura e na historiografia.

1

REPRESENTAÇÕES DE UM *FANÁTICO*: ANTÔNIO CONSELHEIRO ENTRE EUCLIDES E OS CONTEMPORÂNEOS

> *[...] E surgia na Bahia o anacoreta sombrio, cabelos crescidos até aos ombros, barba inculta e longa; face escaveirada; olhar fulgurante; monstruoso, dentro de um hábito azul de brim americano; abordoado ao clássico bastão em que se apoia o passo tardo dos peregrinos... [...] Praticava em frases e raros monossílabos. Andava sem rumo certo, de um pouso para outro, indiferente à vida e aos perigos, alimentando-se mal e ocasionalmente, dormindo ao relento à beira dos caminhos, numa penitência demorada e rude...*
>
> *Tornou-se logo alguma coisa de fantástico ou mal-assombrado para aquelas gentes simples. [...] o seu viver misterioso rodeou-o logo de não vulgar prestigio, agravando-lhe, talvez, o temperamento delirante. [...] O evangelizador surgiu, monstruoso, mas autômato. Aquele dominador foi um títere. Agiu passivo, como uma sombra. Mas esta condensava o obscurantismo de três raças. E cresceu tanto que se projetou na História.*
>
> (Euclides da Cunha, 1902)

A imprensa foi um importante meio criador e propagador de representações sobre Antônio Conselheiro no final do século XIX. Muitas informações elaboradas pelos jornais foram reproduzidas, reinventadas e reescritas por várias obras de cunho literário, histórico, memorialístico e até mesmo científico, formando, dessa maneira, um vasto e complexo *corpus* informativo sobre o fundador e líder do arraial de Belo Monte.

É importante lembrar que existiu um processo em que a imprensa e a literatura (entendida nesse contexto como escritos que perpassam o caráter ficcional) relacionaram-se dialeticamente na criação e na apropriação de discursos sobre o Conselheiro, formando uma complexa estrutura entre o jornalismo e os demais gêneros literários.

Os escritores contemporâneos da Guerra de Canudos produziram relatos de diferenciados gêneros textuais, a exemplo do romance de Afonso Arinos (1868-1916); do ensaio de Euclides da Cunha; da crônica histórica de Manoel Benício; das memórias históricas de Emídio Dantas Barreto (1850-1931) e Alvim Martins Horcades (1860-1940); da poesia de João de Souza Cunegundes (s.d.) e Francisco Mangabeira (1879-1904); do discurso histórico científico de Aristides Milton (1848-1904); e do discurso médico legal de Raimundo Nina Rodrigues (1862-1906). Não custa lembrar que vários intelectuais brasileiros do final do século XIX e início do século XX mantinham uma relação íntima entre literatura e imprensa, como o próprio Euclides, Machado de Assis (1839-1908), Olavo Bilac (1865-1918), Afonso Arinos, entre outros.

Nicolau Sevcenko assinalou que uma das transformações significativas que ocorreu na cultura brasileira no final do século XIX foi o surgimento do "novo jornalismo", caracterizado pelo nascimento de novas técnicas de impressão, o que barateou a imprensa, expandindo o consumo literário e criando uma opinião pública. Assim, vários escritores utilizaram a imprensa como forma de expressão das suas opiniões e dos seus anseios, já que a literatura começava a perder espaço para os jornais, as revistas, os manuais científicos e a fotografia.[1]

Sobre o ponto em discussão, recordamos que os correspondentes Euclides da Cunha e Manoel Benício, antes de publicarem as suas obras sob o formato de livros, já tinham discorrido sobre a Guerra de Canudos ou Antônio Conselheiro em textos jornalísticos. Por outro lado, apesar de não testemunharem a guerra, escritores de grande vulto da literatura nacional, como Machado de Assis e Olavo Bilac, distantes física e culturalmente do sertão, divulgaram textos sobre o movimento de Belo Monte e o seu líder em veículos da imprensa da capital federal.

Na sequência deste capítulo, analisarei a primeira notícia publicada sobre o Conselheiro na imprensa – veiculada pelo jornal sergipano *O Rabudo* – e a aparição inicial do beato cearense no *Diário da Bahia*. Posteriormente, avaliarei as impressões sobre o peregrino em *Descrições práticas da província da Bahia* (1889), de Durval Vieira de Aguiar, publicada primeiramente na imprensa baiana, em 1882, por meio de uma série de artigos que podem ser considerados como alguns dos escritos pioneiros sobre o beato sertanejo.

---

[1] SEVCENKO, Nicolau. **Literatura como missão**: tensões sociais e criação cultural na Primeira República. São Paulo: Companhia das Letras, 2003. p. 118-122.

Em linhas gerais, o objetivo é analisar como foram produzidas as primeiras representações do Conselheiro na imprensa e quais seus significados para as reelaborações dessa personagem histórica em outros gêneros literários. A esse respeito, também discutirei as crônicas escritas por Machado de Assis e Olavo Bilac em alguns jornais cariocas, na perspectiva de evidenciar que as representações primevas sobre Antônio Conselheiro, principalmente a do *fanático*, permaneceram vivas na imprensa, na literatura e em outros escritos.

Finalizarei o capítulo buscando compreender como os textos euclidianos foram influenciados pelos escritos contemporâneos e como Euclides reelaborou as representações do Conselheiro nas páginas de *Os sertões*.

1.1 ANTÔNIO CONSELHEIRO NA IMPRENSA: PRIMEIRAS REPRESENTAÇÕES

Assim como Dawid D. Bartelt, compreendo que Antônio Conselheiro, enquanto "acontecimento discursivo", passou a existir a partir de 1874, com a notícia publicada no periódico sergipano *O Rabudo*, em 22 de novembro. Esse semanário "Crítico, Chistoso, Anedótico e Noticioso"[2] da cidade sergipana de Estância, publicou a primeira matéria de que se tem notícia sobre Antônio Vicente Mendes Maciel. Essa nota, descoberta por José Calasans, inaugurou uma série de representações sobre o beato na imprensa brasileira, difundindo-se quase unanimemente o rótulo de fanático.

---

[2] O RABUDO. Estância: 22 nov. 1874. Disponível em: http:// www.portifolium.com. Acesso em: 13 set. 2012.

Figura 1 – Periódico *O Rabudo*, 22 nov. 1874

Fonte: Jadilson Pimentel dos Santos[3]

Dessa forma, essa fonte é de fundamental importância para que possamos entender como foram elaboradas as representações de Antônio Conselheiro durante todo o final do século XIX na imprensa e como essas representações ganharam várias outras reelaborações em diferenciados tipos de textos.[4]

Nas primeiras linhas da referida reportagem, após informar que Antônio dos Mares tinha aparecido pelas redondezas (interior da Bahia e Sergipe) havia mais ou menos seis meses, ele foi descrito como "aventureiro santarrão"[5], uma entre as várias caracterizações recebidas pelo eremita cearense, seja na imprensa ou na literatura. Percebe-se, ainda, outras classificações pejorativas e galhofeiras sobre o andarilho cearense: "figura mais degradante do mundo"[6], "misterioso saltimbanco"[7], e "Santo Antônio dos Mares moderno"[8]. No artigo há determinados artifícios narrativos muito utilizados em textos posteriores, como ressaltar o tom misterioso a respeito da personalidade do Conselheiro e descrever suas características físicas, que assumiam claramente um caráter depreciativo.

---

[3] SANTOS, Jadilson Pimentel dos. **O legado artístico-visual concebido em torno de Antônio Conselheiro e publicado em jornais da última metade do século XIX**. Rio de Janeiro, v. VII, n. 3, jul./set. 2012. Disponível em: http://www.dezenovevinte.net/obras/antonio_conselheiro.htm. Acesso em: 15 fev. 2013.

[4] BARLET, Dawid D. **Sertão, república e nação**. São Paulo: Editora da Universidade de São Paulo, 2009.

[5] *O Rabudo*, Estância: 22 de novembro de 1874.

[6] *Ibid.*

[7] *Ibid.*

[8] *Ibid.*

> [...] trajando uma enorme camisa azul que lhe serve de hábito a forma do de sacerdote, pessimamente suja, cabelos muito espessos e sebosos entre os quais se vê claramente uma espantosa multidão de bichos (piolhos). Distingue-se ele pelo ar misterioso, olhos baixos, tez desbotada e de pés nus; o que tudo concorre para o tornar a figura mais degradante do mundo.[9]

Segundo a descrição, Antônio dos Mares era uma figura que se destacava pela sua imundice, não apenas física, mas, principalmente, moral. A referência aos longos cabelos e às vestes ("camisolão azul") configurou-se como recurso narrativo exaustivamente utilizado em descrições de jornais e livros diversos. Além desses, os estereótipos "misterioso" e "exótico" também foram amplamente utilizados para classificar Antônio Conselheiro, o que contribuiu para cristalizar essas imagens como representativa do beato na memória brasileira.

Ainda de acordo com a reportagem, o enigmático missionário caracterizava-se como uma espécie de falso profeta que realizava milagres inverídicos e que se escondia de algum crime por atrás da "capa de santo". Contudo, como enfatizou o texto jornalístico, o Conselheiro somente ganhava fama e notoriedade nos sertões graças ao fanatismo e à ignorância do povo, que acreditava piamente em suas recomendações.

O articulista fez questão de ressaltar o poder de persuasão do missionário sobre os sertanejos, pois muitos acreditavam que era "Jesus Cristo e dizem mais, que fora dos conselhos de tal santo não haverá certamente salvação, beijam-lhe a veste sebosa com a mais fervente adoração!", e após ouvirem as suas palavras, entregavam os parcos bens que possuíam, seguindo-o "em número fabuloso".[10]

Por fim, o jornalista pedia às autoridades imperiais para resolverem os problemas causados por Conselheiro que, inclusive, teria contribuído para "incalculáveis prejuízos" à população. Dessa forma, clamava para que fosse "capturado e levado à presença do governo Imperial, a fim de prevenir os males que ainda não tinham sido postos em prática pela autoridade da palavra do Fr. S. Antônio dos Mares moderno".[11] O texto ainda alertava as autoridades de que a influência do Conselheiro estava tão consolidada nas almas dos seguidores, que eles iriam às últimas consequências para defender o seu santo.

---

[9] *Ibid.*
[10] *Ibid.*
[11] *Ibid.*

Descoberta também por José Calasans, ao longo de sua sistemática investigação sobre a Guerra de Canudos e a trajetória do Antônio Conselheiro, a matéria publicada no *Diário da Bahia*, em 27 de junho de 1876, é outra importante fonte para o estudo das representações do profeta sertanejo na imprensa.[12]

O ano de 1876 foi de fundamental relevância na história do Conselheiro, assim como na historicidade das representações sobre a personagem, pois o beato foi preso pelas autoridades baianas em Missão da Saúde (Itapicuru), juntamente aos seguidores, acusado injustamente do assassinato de sua própria mãe, o que ensejou uma série de boatos sobre Antônio Maciel. Esse fato, que foi desmentido – já que Antônio Vicente Mendes Maciel era órfão desde os 6 anos de idade –, mesmo depois de se constatar que era inverídico, foi muito difundido.

Em relação ao referido ano, muitos biógrafos, historiadores e estudiosos afirmam que nesse período a região localizada entre os rios Itapicuru e São Francisco era a área de atuação das pregações, reformas e peregrinações do Conselheiro. Possivelmente, houve nessa época um aumento considerável de seguidores do beato cearense devido ao crescimento da influência de suas pregações entre os camponeses – fato que pode ter contribuído para as autoridades baianas tomarem providências a fim de evitar que a influência do "santo-homem" continuasse se estendendo.

A preocupação da Secretaria da Polícia da Bahia com a influência exercida pelo místico cearense pode ser comprovada pela análise do ofício de 5 de junho de 1876, referente à prisão de Antônio Vicente Mendes Maciel. De acordo com o documento, o beato foi preso e acusado de ser um foragido da justiça, "suspeito [de] ser algum dos criminosos dessa Província". O ofício informa também que ele apareceu na região dizendo ser enviado de Cristo, pregando uma doutrina que vinha "levando a superstição de tal gente ao ponto de um fanatismo perigoso" e tirando a "tranquilidade da população".[13]

O chefe de Polícia da Bahia na época, João Bernardo de Magalhães, afirmou que recebeu queixas do vigário da região e mandou prender o místico para que respondesse a um interrogatório. Em seguida, o Conse-

---

[12] SILVA, José Calasans B da. **Notícias sobre Antônio Conselheiro**. Salvador: Centro de Estudos Baianos, 1968.

[13] BENÍCIO, Manoel. **O rei dos jagunços**: crônica histórica e de costumes sertanejos sobre os acontecimentos de Canudos. Brasília: Senado Federal, 1997. p. 44.

lheiro foi despachado para o Ceará com a seguinte solicitação, destinada ao comandante da Polícia do Ceará:

> [...] se por ventura não for ele ai criminoso, peço em todo caso, a V.S. que não perca de sobre ele as suas vistas, para que não volte a esta Província para onde a sua volta trará resultados desagradáveis pela exaltação em que ficaram os espíritos dos fanáticos com a prisão do seu ídolo.[14]

Sofrendo agressões e abusos das autoridades que o conduziram, Antônio Conselheiro teria chegado ao Ceará em situação deplorável: "em adiantado estado de demência, faminto, maltrapilho e açoitado!". Ele foi solto pouco tempo depois, em 1º de agosto, pelo juiz de Quixeramobim, Alfredo Alves Matheus, após ter "verificado não ser o Maciel criminoso".[15]

Voltando à matéria do *Diário da Bahia*, apesar de curta, mostra-se reveladora, pois traz informações pertinentes sobre os discursos criados acerca de Antônio Conselheiro na imprensa. Nas linhas iniciais, o primeiro dado relevante refere-se ao tempo de aparição do profeta na Bahia – "apareceu em nosso sertão do norte, há cerca de dois anos" –, enfatizando, também, o prestígio que ele gozava entre os sertanejos – "nos lugares onde se tem apresentado há exercido grande influência no espírito das classes populares, servindo-se para isto do seu exterior misterioso e costumes ascéticos com que impõe à ignorância e simplicidade de nossos camponeses".[16]

Alguns pontos expostos no artigo merecem ser ressaltados e discutidos. É interessante perceber que o ar de mistério e os costumes do beato cearense – espécie de moralista cristão que pregava contra os luxos e as vaidades humanas – exerciam influência arrebatadora nos camponeses. Para o jornal, isso se dava devido à "ignorância e simplicidade" dos sertanejos – "Com essas armas, se tem conduzido o auditório a atos de selvageria, obrigando as mulheres a cortarem seus cabelos, queimando os xales e até as botinas, como objetos de luxo condenados pela religião".[17] De modo semelhante ao colega sergipano, o articulista do *Diário da Bahia* procura descrever negativamente o andarilho cearense:

---

[14] *Ibid.*, p. 44.
[15] *Ibid.*, p. 43-46.
[16] SILVA, José Calasans B da. **Notícias sobre Antônio Conselheiro**. p. 6.
[17] *Ibid.*, p. 14.

> Deixou crescer a barba e os cabelos, veste túnica de azulão pouco asseado e alimenta-se muito tenuemente, sendo quase uma múmia. Acompanhado de duas mulheres, que diz serem professas, vive a rezar terços e ladainhas e a pregar e dar conselhos às multidões que reúne onde lhe permitem os párocos e movendo sentimentos religiosos vai arrebanhando o povo e guiando a seu gosto.[18]

Os dois jornais noticiam, também, que Antônio Conselheiro "há reedificado templos como aconteceu com a capela da Rainha dos Anjos no Itapicuru e construção de cemitérios". Contudo as semelhanças entre os artigos não se limitam aos pontos citados. Percebe-se similitudes também na forma como seus comentaristas questionam o caráter de Conselheiro: "Será um criminoso?",[19] ou, ainda, "Algumas pessoas de juízo são acordes que esse homem cometeu um grande crime".[20] A proeminência do Conselheiro entre os sertanejos, bem como o aspecto controverso e misterioso da sua personalidade, são outras características que podemos encontrar nos textos analisados.

Nota-se, todavia, que a diferença entre os dois artigos aparece na forma como o jornalista do *Diário da Bahia* caracteriza o beato. Apesar de também rotular o Conselheiro de forma pejorativa – "não é um grande hipócrita, que sob suas humildes aparências, oculta algum tartufo de nova espécie, não passa de um fanático" –, reconheceu, mesmo que de forma debochada, que o místico era um "homem inteligente, mas sem cultura". Diferentemente do confrade sergipano, que faz questão de enfatizar o caráter fanático e imundo da personagem, o jornalista do *Diário da Bahia* veiculou uma imagem menos preconceituosa, prevalecendo o Conselheiro fanático/misterioso, em detrimento do fanático/imundo de *O Rabudo*.[21]

Em 7 de julho de 1876, dois jornais soteropolitanos noticiaram a prisão do profeta sertanejo. O *Jornal da Bahia* e o *Correio da Bahia* relataram informações bastante parecidas acerca da prisão do Conselheiro. José Calasans já chamou a atenção para "a mesma procedência de informações" dos periódicos, todavia parece-me relevante analisar detidamente cada um dos artigos.[22]

---

[18] Ibid., p. 13.
[19] Ibid., p. 15.
[20] *O Rabudo*, Estância: 22 de novembro de 1874.
[21] SILVA, José Calasans B da. **Notícias sobre Antônio Conselheiro.** p. 15.
[22] Ibid. . p. 7.

Os artigos tinham o mesmo título: "Antônio Conselheiro", porém, ao contrário do *Diário da Bahia*, seu concorrente noticiou mais detalhes sobre o beato. O *Jornal da Bahia*, depois de informar que o Conselheiro tinha embarcado no vapor *Pernambuco* rumo a seu estado natal para se apresentar às autoridades, sublinhou que o místico

> [...] apareceu em diversos lugares do interior desta província e ultimamente na Missão da Saúde, termo de Itapicuru, dizendo-se enviado de Cristo e afetando grandes virtudes, com os pés descalços, os cabelos da cabeça e da barba extremamente crescidos e vestido com uma túnica azul.[23]

Como nos artigos anteriores, a descrição de Conselheiro (cabelos e barbas compridas, túnica azul como vestimenta) e o objetivo de sua presença na região (era um "enviado de Cristo") chamaram a atenção do jornalista, que também destacou a grande influência exercida pelo beato sobre a população dos sertões (caracterizada como "fanáticos adeptos") por meio da sua doutrina, considerada "supersticiosa" e que incomodava ao clero católico. De acordo com o articulista, o vigário capitular

> [...] requisitou ao sr. dr. Chefe de Polícia a prisão deste hipócrita, por haver as mais fundadas suspeitas de ser ele um dos célebres foragidos do terrível morticínio que deu-se no Ceará em novembro de 1872 e cuja prisão foi recomendada pelo dr. chefe de Polícia daquela província.[24]

No artigo do *Correio da Bahia*, podemos perceber uma estrutura narrativa quase idêntica à utilizada pelo *Jornal da Bahia*, o que mostra a mesma procedência das fontes. Contudo é necessário destacar que o artigo do *Correio da Bahia* comparou o papel desempenhado por Conselheiro ao de João Maurer, um dos líderes da *Revolta dos Mucker* (1866-1874).[25]

> Quem não se tiver esquecido do célebre Maurer, que, como Antônio Conselheiro apareceu dizendo-se Messias, quem lembrar-se de que está quente o sangue das vítimas de que foi causa este perturbador da ordem pública na província do Rio Grande do Sul, certamente não poderá deixar de reconhecer o acerto da providência tomada pelo digno chefe de polícia desta Província.[26]

---

[23] *Ibid.*, p. 7.
[24] *Ibid.*, p. 17.
[25] AMADO, Janaína. **A revolta dos Mucker**. São Leopoldo: Editora da Universidade do Vale do Rio dos Sinos, 2002.
[26] SILVA, José Calasans B da. **Notícias de Antônio Conselheiro**. p. 8.

Ao que parece, Antônio Conselheiro começou a ser visto e temido por diversos setores da sociedade como um problema que poderia causar complicações futuras caso não fossem tomadas as devidas providências. Em 1882, ou seja, oito anos após a aparição das primeiras notícias sobre o beato na imprensa, o tenente-coronel Durval Vieira de Aguiar recebeu do presidente da Província da Bahia a incumbência de inspecionar os destacamentos militares do interior. O militar aproveitou a oportunidade para recolher informações sobre vilas e povoados nos mais diferenciados aspectos: "fauna, flora, finanças municipais etc. e depois as completou com outras pesquisas". Algumas das impressões do tenente-coronel Aguiar foram publicadas um ano depois no *Diário da Bahia*, intermediado por Antônio Carneiro da Rocha, o que lhe abriu as portas para publicações futuras.[27]

Em 1889, as impressões descritas por Durval Vieira de Aguiar tomaram o formato de livro em *Descrições Praticas da Província da Bahia: com declaração de todas as distâncias intermediárias das cidades, vilas e povoações*, trazendo "informações topográficas, históricas, situacionais, culturais, políticas, etc.". Conforme o testemunho do militar, quando esteve no povoado do Cumbe (atual cidade de Euclides da Cunha), lá se encontrava o "célebre Conselheiro", assim descrito:

> [...] sujeito baixo, moreno acaboclado, de barbas e cabelos crescidos, vestido de camisolão azul, morando sozinho em uma desmobiliada casa, onde se apinhavam as beatas e afluíam os presentes, com os quais se alimentava. Este sujeito é mais um fanático ignorante do que um anacoreta, e sua ocupação consiste em pregar uma incompleta moral, ensinar rezas, fazer predicas banais, rezar terços e ladainhas com o povo; servindo-se para isso das igrejas, onde, diante do viajante civilizado, se dá a um irrisório espetáculo, especialmente quando recita o latinório que ele nem os ouvidos entendem. O povo costuma afluir em massa, aos atos religiosos de Conselheiro, a cujo o aceno cegamente obedece, e resistirá, ainda mesmo a qualquer ordem legal, por cuja razão os vigários o deixam impunemente passar por santo, tanto mais quando ele nada ganha, e, ao contrario, promove extraordinariamente os batizados, casamentos, desobrigas, festas, novenas e tudo mais em que consiste

---

[27] MEDEIROS, Ruy H. A.; CASTANHO, Sérgio Eduardo M. Pátria e utilidade do texto nos livros escolares: Durval vieira de Aguiar e suas Descrições práticas da província da Bahia. *In*: IX SEMINÁRIO NACIONAL DE ESTUDOS E PESQUISAS: HISTÓRIA, SOCIEDADE E EDUCAÇÃO NO BRASIL, 2012. **Anais** [...] Universidade Federal da Paraíba, João Pessoa, 2012. p. 10.

os vastos rendimentos da igreja. Nessa ocasião havia o Conselheiro concluído a edificação de uma elegante igreja no Mocambo, e estava construindo uma excelente igreja no Cumbe, onde, a par do movimento do povo, mantinha ele admirável paz.[28]

O trecho, bastante citado nos estudos sobre a Guerra de Canudos, apresenta-se como uma fonte interessante para entendermos como foram criadas, reproduzidas e reinventadas as representações sobre Antônio Conselheiro. Das impressões resultantes do contato com o "célebre Conselheiro", o primeiro ponto que chamou a atenção do militar foi o aspecto físico do "fanático ignorante". A barba e o cabelo crescido, além do "camisolão azul", aparecem no primeiro plano da representação da personagem. Também impressionou ao tenente-coronel Durval Aguiar, a religiosidade do beato, denominada "incompleta imoral", que se baseava no ensinamento de rezas e de vários preceitos da doutrina cristã, manifestados por meio de prédicas consideradas pelo militar como um "latinório que ele nem os ouvidos entendem".

A referência ao Conselheiro fanático aparece novamente nas representações elaboradas por Durval Aguiar, que, ao contrário de outros contemporâneos (como os autores dos artigos jornalísticos que circularam no período), não vislumbrou o beato cearense como uma espécie de monge cristão que buscava a vida solitária a fim de pagar os pecados e alcançar a pureza de espírito. O militar foi taxativo quando afirmou: "Este sujeito é mais um fanático ignorante do que um anacoreta".[29]

Aguiar enxergava o Conselheiro como uma espécie de falso profeta ou ator vulgar que, com a sua lábia, atraía adeptos igualmente incultos e incivilizados, desqualificando-o como um santo ou emissário de Deus. Isso pode ser percebido quando o militar enfatiza que o "povo" comparecia em grande número para ouvir os sermões e que obedeceriam a qualquer comando do líder.

Portanto, as representações iniciais do Conselheiro foram condicionadas pelas imagens veiculadas nos jornais. Nesse sentido, diversas expressões, quase sempre negativas, foram atribuídas ao beato (falso profeta, fanático). O adjetivo fanático também estendeu-se aos seus

---

[28] AGUIAR, Durval V. de. **Descrições práticas da Província da Bahia**: com declaração de todas as distancias intermediárias das cidades, villas e povoações. 1. ed. Typographia do Diário da Bahia: Salvador, 1888. p. 76. p. 76.
[29] *Ibid.*, p. 76.

seguidores, permanecendo como a principal representação atribuída a Antônio Vicente Mendes Maciel nos primeiros escritos jornalísticos.

Vinte anos depois desses primeiros artigos, já durante a Guerra de Canudos (1896-1897), verifica-se um aumento considerável, nas páginas dos diversos órgãos da imprensa, de notícias, escritos e notas sobre a principal personagem do conflito, fazendo crescer as representações e as ressignificações acerca do beato cearense. É importante salientar que no período em questão, o Conselheiro deixou de ser assunto esporádico e regional para transformar-se em um dos indivíduos mais conhecidos do Brasil, objeto de interesse dos jornais de todo o país.

Em estudo pioneiro e bastante conhecido sobre a repercussão da Guerra de Canudos nos jornais,[30] Walnice Nogueira Galvão demonstrou como o assunto tornou-se amplamente difundido na imprensa brasileira, a ponto de os principais jornais enviarem correspondentes para o *front*. A esse respeito, a morte do coronel Antônio Moreira César (1850-1897) potencializou a repercussão nacional de Canudos, pois além do desaparecimento de um "herói republicano", o episódio marcava a derrocada da Terceira Expedição, composta de soldados de todas as partes do Brasil.

Não custa lembrar que através pena de um correspondente de guerra, Euclides da Cunha, brotaram as páginas mais famosas sobre o conflito na literatura nacional, as quais ajudaram também a transformar Canudos e Antônio Conselheiro em temas fundamentais da História do Brasil.

Como já evidenciei anteriormente, a imprensa configurou-se como o principal instrumento de criação de representações, sobretudo negativas, sobre o andarilho cearense. Muitas das imagens veiculadas pelos jornais a partir da década de 1870, chegaram aos anos da guerra (1896-1897) com bastante intensidade, criando reapropriações, reelaborações e novos discursos sobre Antônio Conselheiro. Walnice Nogueira Galvão, analisando os jornais do período da Quarta Expedição, identificou três formas de representar a guerra e o líder de Belo Monte: a galhofeira, a sensacionalista e a ponderada.[31]

No Rio de Janeiro, a Guerra de Canudos ganhou ainda mais notoriedade na imprensa com a derrota da expedição comandada por Moreira César, o *Corta-cabeças*. Periódicos como a *Gazeta de Notícias*, o *Jornal do Brasil* e o *Jornal do Comércio* publicaram centenas de notícias, notas e

---

[30] GALVÃO, Walnice. **No calor da hora**: a guerra de Canudos nos jornais. 4a. expedição. São Paulo: Ática, 1994.
[31] *Ibid.*, p. 33-108.

crônicas sobre a guerra no interior da Bahia. Ademais, dois dos mais notáveis homens de letras da capital federal, Olavo Bilac e Machado de Assis, acabaram se envolvendo com o tema, escrevendo textos sobre Canudos para os jornais cariocas.

1.2 O CONSELHEIRO NAS CRÔNICAS DE MACHADO DE ASSIS E OLAVO BILAC

Machado de Assis e Olavo Bilac, possuidores de diferenças ideológicas, estilísticas e estéticas, foram protagonistas da sociedade carioca do seu tempo. Na última década do século XIX, Machado já era considerado um grande intelectual, tendo a imagem cristalizada como escritor de renome graças à publicação de obras como *Memórias póstumas de Brás Cubas* (1881) e *Quincas Borba* (1892). Olavo Bilac também já gozava prestígio entre a intelectualidade brasileira como poeta, principalmente por conta da publicação de sua obra *Poesias* (1888).

É importante destacar ainda, que ambos fizeram parte do grupo que fundou a Academia Brasileira de Letras, em 1897, tendo Machado como o seu primeiro presidente. Cada um desses homens das letras enxergava o líder de Belo Monte a partir de um prisma muito específico, elaborando representações distintas do místico e de seus seguidores.[32]

O "bruxo do Cosme Velho" foi uma das poucas vozes dissonantes sobre o assunto Antônio Conselheiro. Enquanto a maioria dos intelectuais e a imprensa veiculavam representações do Conselheiro como fanático, bandido, louco e monarquista, Machado preferiu não se precipitar no julgamento antes de analisar friamente todo o mistério que cercava a personagem sertaneja. Assim, analisarei três crônicas escritas por Machado sobre o Conselheiro, que revelará como algumas vozes mostraram-se contrárias ao discurso hegemônico.

"Canção de Piratas" é a primeira e mais relevante crônica escrita por Machado sobre o líder de Belo Monte. Publicada no jornal *Gazeta de Notícias*, em 22 de julho de 1894, revela detalhes interessantes da percepção machadiana sobre a personalidade do beato cearense. Logo no início do texto, depois de informar que um telegrama vindo da Bahia relatou

---

[32] "No primeiro momento em que nossa sociedade de letras se constituía enquanto segmento social definido, Machado era lembrado para dirigi-la, presidi-la e representá-la". Ver: DIMAS, Antônio (org.). **Vossa insolência**. São Paulo: Companhia das Letras, 1996. p. 4.

que "o Conselheiro está em Canudos com 2.000 homens perfeitamente armados", Machado questionou quem seria essa personagem para, em seguida, rejeitar qualquer nomenclatura a respeito do misterioso indivíduo, inclusive não reproduzindo estereótipos construídos e difundidos amplamente pela imprensa e pelos grupos dominantes.

No decorrer da crônica, percebemos que Machado contraria a versão fornecida por jornais e telegramas, apresentando uma versão de Antônio Conselheiro em que o fanatismo deixa de ser a principal característica, substituído pelo espírito de aventura, associado ao rompimento com os valores da civilização e da modernidade.

> [...] esse Conselheiro que está em Canudos com os seus dois mil homens, não é o que dizem telegramas e papéis públicos. Imaginai uma legião de aventureiros galantes, audazes, sem ofício nem benefício, que detestam o calendário, os relógios, os impostos, as reverências, tudo o que obriga, alinha e apruma. São homens fartos desta vida social e pacata, os mesmos dias, as mesmas caras os mesmos acontecimentos, os mesmos delitos, as mesmas virtudes.[33]

Em seguida, Machado de Assis comparou Antônio Conselheiro e seus seguidores aos "piratas dos poetas de 1830", que também rejeitaram as regras impostas, "sacudiram as sandálias à porta da civilização e saíram à vida livre". Da pena do escritor carioca, o Conselheiro e seu séquito emergiram como aventureiros transgressores e incompreendidos, heróis que recusaram racionalmente, assim como os piratas das canções românticas de Vitor Hugo, o mundo tal como se apresentava.[34]

Após "Canção de Piratas", Antônio Conselheiro voltou a ser citado por Machado, em 13 de setembro de 1896.[35] No texto, o autor relata o aparecimento, em um lugar denominado Gameleira, no termo de Orobó Grande (atual Rui Barbosa), na Bahia, de um missionário chamado Manuel da Benta Hora. Criticando de forma veemente a imprensa baiana, que

---

[33] ASSIS, Machado. **Páginas recolhidas.** 1899. Disponível em: www.cce.ufsc.br/~alckmar/literatura/literat.html. Acesso em: 20 nov. 2012. p. 52.

[34] VENTURA, Roberto. Retrato interrompido da vida de Euclides da Cunha: esboço biográfico. São Paulo: Companhia das Letras, 2003. p. 209-210; CALIPO, Daniela. "Canção de Piratas": Antônio Conselheiro e Vitor Hugo na crônica de Machado de Assis. **Revista Eutomia**, Recife, ano I, n. 1, p. 202-212, 2008.

[35] Antônio Conselheiro foi novamente objeto da crônica machadiana em 6 de dezembro do mesmo ano – Conselheiro é o homem do dia. Ver: ASSIS, Machado. **A semana**. 1896. Data. Disponível em: www.cce.ufsc.br/~alckmar/literatura/literat.html. Acesso em: 20 nov. 2012.

reclamava das autoridades a prisão do místico, o autor de *Dom Casmurro* defendeu o direito à livre expressão, questionando:

> [...] a liberdade de profetar não é igual à de escrever, imprimir, orar, gravar? Ninguém contesta à imprensa o direito de pregar uma nova doutrina política ou econômica. Quando os homens públicos falam em nome da opinião, não há quem os mande apresentar as credenciais na cadeia. E desses por três que digam a verdade, haverá outros três que digam outra coisa, não sendo natural que todos deem o mesmo recado com ideias e palavras opostas.[36]

Nessa crônica, o Conselheiro aparece de forma bem discreta, citado apenas duas vezes.

> Quanto à doutrina em si mesma, não diz o telegrama qual seja; limita-se a lembrar outro profeta por nome Antônio Conselheiro. Sim, creio recordar-me que andou por ali um oráculo de tal nome mas não me ocorre mais nada. Ocupado em aprender a minha vida, não tenho tempo de estudar a dos outros; mas, ainda que esse Antônio Conselheiro fosse um salteador, por onde se há de atribuir igual vocação a Benta Hora? E, dado que seja a mesma, quem nos diz que, praticado com um fim moral e metafísico, saltear e roubar não é uma simples doutrina?[37]

Analisando esse texto, causou-me estranheza a forma como o autor de *Dom Casmurro* referiu-se a Antônio Conselheiro. Parece que no período que separa as duas crônicas, o literato sofreu uma espécie de "amnésia", que o impossibilitou de lembrar-se das páginas tão marcantes e fortes, esboçadas em "Canção de Piratas". O que teria ocorrido? Será que Machado reviu os seus conceitos sobre o Conselheiro e preferiu não emitir mais nenhuma opinião sobre o assunto? Ou realmente teria sofrido um lapso de memória, já que a sua atividade intelectual como escritor e cronista era bastante intensa?

A segunda opção parece não ser coerente, pois em 27 de dezembro de 1896, Machado de Assis voltou novamente a citar o profeta do sertão como "o nosso grande taumaturgo". Se na primeira crônica o "bruxo de

---

[36] *Ibid.*, p. 157.
[37] *Ibid.*, p. 158.

Cosme Velho" não queria atribuir ao Conselheiro nome algum, no artigo em discussão reconhecia-o como um "taumaturgo".[38]

Em 1897, Machado voltou a colocar Antônio Conselheiro como personagem principal de uma crônica. "O homem que briga lá fora", publicada em 14 de fevereiro de 1897, traduziu as últimas impressões machadianas sobre o líder de Belo Monte. Logo no início do texto, destacou que o Conselheiro havia se transformado em uma celebridade nacional, conhecido por pessoas de todas as posições sociais devido à grande repercussão da Guerra de Canudos no país.

Canudos e Conselheiro foram assuntos de repercussão não apenas no Brasil, mas também no exterior. O escritor carioca enfatizou a dimensão mítica, revestindo a figura do beato e os fatos ocorridos em Canudos "com muito pormenor misterioso, muita auréola, muita lenda". Assim, Antônio Conselheiro era um indivíduo com bastante potencial para tornar-se uma personagem mítica do tipo romanesca, que permaneceria na memória das pessoas por várias gerações.

Em seguida, Machado realizou uma breve digressão, comentando a obra *Sertão*, de Coelho Neto, profetizando: "Um dia, anos depois de extinta a seita e a gente dos Canudos, Coelho Neto, contador de coisas do sertão, talvez nos dê algum quadro daquela vida, fazendo-se cronista imaginoso e magnífico deste episódio que não tem nada fim-de-século".[39] Ou seja, Machado acabou sublinhando o potencial narrativo, literário e histórico que a Guerra de Canudos e Antônio Conselheiro forneceriam para os futuros escritores.

As crônicas machadianas revelam um aspecto comum nos escritos contemporâneos ao conflito em Canudos: a contradição. Se, por um lado, em "Canção de Piratas", o Conselheiro foi representado como um aventureiro avesso aos valores da sociedade civilizada, recebendo a admiração do "bruxo de Cosme Velho", por outro percebemos uma mudança de concepção do escritor, principalmente nos anos da guerra. Quando escreveu sobre a peleja no sertão da Bahia, Machado pareceu calar-se e acabou não seguindo a trajetória pinçada na primeira crônica, datada de antes da guerra, de contestação às representações hegemônicas que enquadravam o beato como louco e fanático.

---

[38] *Ibid.*, p. 181.
[39] *Ibid.*, 183.

Contudo o que parece ter norteado as crônicas de Machado de Assis sobre líder do arraial de Canudos – além do humor e da ironia característicos – foi a ideia segundo a qual todos que escreviam, ou falavam sobre Canudos, desconheciam os acontecimentos no sertão baiano. O que se sabia, na realidade, eram boatos e mitos. O perspicaz escritor considerou-se incapaz de analisar detidamente o assunto sem informações seguras e precisas e preferiu não tomar partido sobre "o homem do dia", seus seguidores e seu reduto.

Já Olavo Bilac, republicano convicto e nacionalista exacerbado, escreveu uma série de crônicas sobre Canudos em alguns jornais cariocas. Reunidos na coletânea *Vossa Insolência*,[40] esses escritos são significativos para entendermos a repercussão dos eventos sertanejos na imprensa da capital federal e como os intelectuais do litoral (falando de lugares específicos) interpretaram o movimento de Canudos, construindo outras representações sobre o líder de Belo Monte, reapropriando-se de discursos antigos e elaborando novas imagens.

O "príncipe dos poetas" escreveu sete crônicas sobre o tema, em três periódicos (*A Bruxa*, *Gazeta de Notícias* e *O Estado de S. Paulo*), entre dezembro de 1896 e novembro de 1897. Bilac assinou o nome verdadeiro nos dois artigos escritos para *O Estado de S. Paulo* e utilizou os pseudônimos O Diabo Vesgo e Mefisto no jornal *A Bruxa*. Como cronista, Olavo Bilac utilizou vários pseudônimos: Arlequim, Fantasio, Puck, Otávio Bivar, Belial, Asmodeu, Lilith, Astarot, Olavo Oliveira, Phebo-Apolo, O diabo coxo, Flamínio, Pe-Ho, HYZ, B., Nemrod, Vitor Leal, dentre outros. Porém Marta Scherer afirma que "[...] o uso do pseudônimo não quer dizer que o escritor não queira assumir a responsabilidade do que escreve".[41]

A primeira crônica de Bilac foi escrita no final de 1896, em *A Bruxa*, sugestivamente intitulada "Antônio Conselheiro". Identificando-se como o diabo – prática comum de Bilac nesse jornal, em que assinava as crônicas utilizando variados pseudônimos do "anjo caído" –, o literato iniciou o artigo em tom de ironia, questionando não entender como um caso considerado por ele tão insignificante ganhasse tamanha notoriedade no Brasil.

Na crônica, Bilac criou, ou retomou, representações extremamente pejorativas de Conselheiro: fanático, desequilibrado, portador de crises

---

[40] DIMAS, 1996, p. 4-20.
[41] SCHERER, Marta E. Garcia. **Bilac sem poesia**: crônicas de um jornalista da Belle Époque. 2008. 259f. Dissertação (Mestrado em Literatura) – Curso de Pós-Graduação em Literatura, Universidade Federal de Santa Catarina, Florianópolis, 2008.

epiléticas na infância. Para desqualificar ainda mais a sua imagem, o poeta reproduziu a lenda segundo a qual a mãe de Antônio Maciel e a sua esposa trocavam "farpas", culminando em um plano maquiavélico da primeira (passar-se pelo amante da nora) e a consequente tragédia de Antônio ter matado a própria genitora, saindo depois, enlouquecido, pelos sertões, transformando-se, assim, em um beato.

Portanto Bilac associava a transformação de Antônio Maciel no Conselheiro a um artifício de uma mente perturbada, causada pela culpa que resultou de uma catástrofe familiar: "Há desgraçados que o remorso transforma em frades, ou em criminosos religiosos, ou em suicidas, ou em idiotas. Outros, muda-os o remorso em apóstolos".[42] Mas a mudança de personalidade, segundo Bilac, ocorreu também devido à inquietude da alma do místico. Conforme o literato, o Conselheiro teria se transformado em uma espécie de enviado de Deus, "encarregado de regenerar o mundo, de redimir a humanidade, de combater os governos existentes".[43]

O líder do arraial de Belo Monte foi caracterizado ainda como um ladrão, uma espécie de hipócrita que escondia seus verdadeiros intentos maldosos sob a capa da religião. Afirmava também que os fanáticos seguidores de Conselheiro não ficavam

> [...] sem pão, sem carne, sem cabeça, e sem mulheres. E, pois, saqueiam as vilas, assolam as aldeias, matam os ricos, escravizam os pobres, defloram as raparigas, e assim vão vivendo bem, bem combinando os sacrifícios do viver religioso com as delícias do comer a tripa fora.[44]

Parece que Bilac foi um dos primeiros a discordar das explicações que circulavam na imprensa e na opinião pública, segundo as quais Canudos fazia parte de um plano conspiratório, de cunho monárquico, que objetivava restaurar a dinastia de Bragança e derrubar a República brasileira. Assim, o cronista percebia como o jogo político atribuía diversos significados, muitas vezes equivocados, a Canudos, e criava representações falsas de Conselheiro.

> [...] Na opinião da imprensa indígena, nem é um fanático, um Jesus de fancaria – nem é um salteador [...] é um homem

---

[42] DIMAS, 1996, p. 385.
[43] *Ibid.*, p. 386.
[44] *Ibid.*, p. 386.

> político, é um conspirador, é um restaurador da monarquia. A liberdade cala-se sobre ele: manha de monarquista. A república diz que ele é emissário do príncipe do Grão Pará: recurso jacobino.[45]

Para Bilac, o peregrino não passava de uma versão malfeita e grosseira de Jesus, um ladrão fanático que utilizava a religião como pretexto para seguir a vida errante, causando vários problemas, juntamente aos seus discípulos.

> Conselheiro não é só um fanático: é também um salteador, e salteadores, além de fanáticos são também todos os seus sequazes; em qualquer outra parte do mundo, esse pessoal seria baleado, corrido a pedra e a sabre, sem complicações sumariamente [...]. Aqui não! Aqui tudo é política![46]

O final desse parágrafo ("Aqui não! Aqui tudo é política!") reflete uma questão que permeia toda a crônica. Bilac entendia que a política era a principal responsável pela existência do arraial rebelde, por isso ele terminou ironizando e ao mesmo tempo cobrando das autoridades competentes uma solução para o problema Canudos, ao tempo em que comparou o Conselheiro a "agitadores", como o húngaro Lajos Kossuth (1802-1894).

Bilac atribuiu vários termos pejorativos ao líder sertanejo, tais como: "maluco acabado", "refinadíssimo patife", "Jesus de fancaria" e, principalmente, "fanático". Outra semelhança entre os textos do poeta e os artigos escritos por jornalistas nos anos anteriores à guerra foi a cobrança de providências às autoridades competentes, que deveriam pôr um fim ao movimento de Canudos e ao seu líder.

Em fevereiro de 1897, Bilac publicou a crônica intitulada "Malucos furiosos", mais uma vez em *A Bruxa*. O título já sugere bastante sobre a ideia central do trabalho. De acordo com *Mefisto*, os "malucos furiosos" de Canudos tinham a força motriz advinda da religião, fato que potencializava a gravidade do assunto, tornando-o, assim, o maior problema brasileiro da época. Mais uma vez, Bilac criticou veementemente a política, acusando-a de ser a principal causa do crescimento do problema de Canudos. Sobre Antônio Conselheiro, informou que liderava cinco mil almas e, mais uma

---

[45] *Ibid.*, p. 387.
[46] *Ibid.*, p. 386.

vez, disparou uma série de adjetivos difamatórios contra o beato: "[...] um fanático! Um mentecapto! Um profeta de fancaria!".[47]

Baseado no depoimento do major Febrônio de Brito (1851-1919), comandante derrotado da Segunda Expedição, Bilac avaliou o poder de fogo e os efetivos militares dos habitantes de Canudos:

> [...] toda a pólvora encontrada era de primeira qualidade, havia bom e grosso chumbo, balins, foices e danos [...] traziam armas de fogo, afiados facões e grossos cacetes pendentes dos pulsos [...] Conselheiro tem mais de 5 mil homens, apesar de ter afirmando o tenente coronel Antônio Reis [...] que ele tem mais de 8 mil homens.[48]

Percebemos que o aumento considerável do número de habitantes de Belo Monte, presente no depoimento do major Febrônio e confirmado na crônica de Bilac, refletia claramente uma estratégia de alguns grupos – como os jacobinos e as autoridades civis e eclesiásticas do estado da Bahia –, visando superdimensionar o problema de Canudos para justificar uma atitude enérgica e urgente por parte do governo federal.

O ilustre cronista fez questão de deixar registrada a insatisfação com a situação política da Bahia, reproduzindo um boato, que já circulava na capital do país, segundo o qual os adversários políticos do governador Luiz Viana (1846-1920) apoiavam o profeta sertanejo: "[...] todo mundo sabe que Antônio Conselheiro engrossou as suas fileiras com os sebastianistas e com os republicanos descontentes".[49]

Em 14 de março de 1897 – no mesmo dia em que *O Estado de S. Paulo* publicou a primeira parte do ensaio seminal de Euclides da Cunha sobre Canudos,[50] intitulado "A Nossa Vendeia" –, Bilac escreveu mais uma crônica sobre a guerra sertaneja, dessa vez muito mais triste, em um tom de grande pesar. Com a derrota da expedição comandada pelo coronel Moreira César, a Guerra de Canudos tomou proporções gigantescas e vários rumores levantados ganharam mais repercussão junto à opinião

---

[47] BILAC, 1996, p. 402.
[48] *Ibid.*, p. 403.
[49] *Ibid.*, p. 406.
[50] "Em 1897, Bilac substitui ninguém menos que Machado de Assis na crônica semanal do jornal de Ferreira de Araújo, obtendo assim sua consagração na vida de jornalista. Ainda que só tenha começado a assinar a coluna a partir de 1903, o 'acento pragmático' de suas crônicas é facilmente observado em todos os anos da colaboração, como comprovou Antonio Dimas, que também apontou para o tom informal, próximo e familiar que o escritor utilizava, estando aí uma pista de sua cumplicidade com o leitor, o que lhe conferia extraordinária popularidade" (SCHERER, 2008, p. 32).

pública. O principal assegurava que Canudos era um movimento monarquista, que aspirava derrubar a República.

Consequentemente, criou-se um clima de instabilidade política e social na capital federal, e o presidente Prudente de Moraes (1894-1898), afastado provisoriamente do cargo, reassumiu a chefia do executivo após a derrota da expedição de Moreira César. Em 7 de março, grupos ligados aos jacobinos depredaram três periódicos monarquistas – *A Gazeta da Tarde*, *O Apostolo* e *A liberdade* – e, no dia seguinte, assassinaram o coronel Gentil de Castro, proprietário de dois dos jornais empastelados. A derrota da expedição Moreira César também repercutiu negativamente em São Paulo, onde houve o empastelamento do jornal *Comércio de São Paulo*, e na cidade da Bahia, onde se cogitou um ataque ao governador Luiz Viana, principal responsabilizado pela derrota da terceira expedição.[51]

De acordo com Jacqueline Herman, Canudos foi transformado em principal inimigo da República devido à conjuntura política do país, com oposição dos civis aos militares, na qual os dois grupos utilizaram parte da imprensa do Rio de Janeiro a seu proveito, veiculando uma série de discursos que justificassem uma repressão mais enérgica a Antônio Conselheiro e ao seu arraial.[52]

Nesse contexto, Bilac escreveu uma crônica sobre a terceira expedição militar, na qual clamou pela vingança daqueles que, segundo ele, tinham morrido pela pátria. Assim como nas crônicas anteriores, disparou uma série de críticas ao jogo político que, segundo o cronista, estaria por trás de todas as questões envolvendo Canudos, bem como ao catolicismo, que estaria servindo de "capa" para esses intentos políticos. "Boa capa! Boa capa que são, para os manejos políticos, esse ar de humildade de que eles se revestem e essa facilidade com que arrancando-lhe os segredos e iniciando-o nas conspirações, e essa influência perniciosa sobre as almas simples [...]".[53]

Mais uma vez, o Conselheiro foi alvo de comentários difamatórios lançados por Bilac, que o acusou de ser um farsante e de utilizar a religião para encobrir outros interesses.

---

[51] MONIZ, Edmundo. **Canudos**: a luta pela terra. São Paulo: Global, 2001.
[52] HERMAN, Jacqueline. Canudos destruído em nome da República: uma reflexão sobre as causas políticas do massacre de 1897. **Revista Tempo**, Rio de Janeiro, v. 2, n. 3, p. 81-105, 1996.
[53] *Ibid.*, p. 389.

> No vulto ascético do Maciel, esquálido e sujo, arrastando pela poeira dos sertões as suas longas barbas de Iniciado, construindo igrejas que nem têm nas torres canhões em vez de sinos e cemitérios em que se plantam carabinas em vez de cruzes, e vestindo, como o cura de Santa Cruz, um burel sobre o cabo do punhal e a coronha da pistola – encarnou-se a propaganda perversa que, só tratando das coisas do céu, só quer as coisas da terra, e que se diz aconselhada e dirigida por Deus, como se Deus tivesse tempo disponível para se preocupar com sistemas de governo [...].[54]

Bilac encerrou o texto profetizando a vitória da República sobre Canudos: "Em breve, já nem memória há de restar da afronta".

Ainda no mês de março, o poeta escreveu outra crônica em *A Bruxa*. Dessa vez, Bilac mostrou-se contraditório em relação aos posicionamentos iniciais, mas continuou persistindo na tese, aceita desde a derrota da Terceira Expedição, de que o Conselheiro e Canudos estavam ligados a uma rede de conspiração monárquica que visava à derrubada da República. Bilac também defendeu a decretação do estado de sítio, a partir da justificativa de que "os manejos dos monarquistas estão custando ao Brasil muitas vidas. Muito dinheiro e muito crédito". Encerrando o artigo, reclamou, ainda, a necessidade de tratarem o assunto com mais seriedade.[55]

> "Enfim, arrasada a cidade maldita, dominado o antro negro", assim Bilac iniciou a crônica "Cidadela Maldita", na qual informou e comemorou a destruição de Belo Monte. Na crônica, o poeta apresentou-se como porta-voz de alguns grupos da sociedade brasileira, aliviados e satisfeitos com a derrocada do mal que ameaçava a República e a instabilidade nacional. Desse modo, o texto foi escrito em tom de alívio, alegria, prazer e vingança. Como é bom despertar assim, em pleno júbilo, já com o coração livre daqueles sustos dos dias passados – quando a gente, abrindo os jornais, sentia o coração pressago, cheio de medo, temendo o louvor de novas catástrofes de novos morticínios, de novas derrotas![56]

Como Bilac havia profetizado, com a derrota definitiva do arraial de Belo Monte, o Brasil estava livre do seu maior inimigo. Finalmente, Antônio Conselheiro não representava mais uma ameaça.[57]

---

[54] *Ibid.*, p. 394.
[55] DIMAS, 1996, p. 411.
[56] *Ibid.*, p. 413.
[57] *Ibid.*, p. 412.

No conjunto das crônicas de Bilac sobre Canudos, sem dúvida, uma das mais significativas e interessantes foi publicada em *Gazeta de Notícias*, em 10 de outubro de 1897. Intitulada "Cérebro de fanático", sintetizou muitas das convicções que o cronista reproduziu em seus textos sobre Antônio Conselheiro. Exaltando a vitória do Exército brasileiro no sertão baiano, Bilac utilizou a personagem de um cronista que, mediante uma experiência transcendental, evocou o espírito de Pierre Paul Broca (1824-1880), um dos criadores da frenologia, para desvendar os segredos do crânio do Bom Jesus. Assim, o médium evocou o espírito que, em alguns minutos, manifestou-se e descreveu um passeio em Canudos.

Broca detectou o mau cheiro reinante no arraial, e após procurar o corpo do Conselheiro, encontrou-o. Em seguida, rachou o crânio e pôs-se a analisar o cérebro do beato: "Este deve pesar pelo menos 1 Kg! Tinha talento o maluco [...] falava bem o maluco! E com que fogo! E com que poder de convicção!". Ou seja, o cronista tentou desvendar, mesmo de forma hipotética, a mente e a personalidade do místico, que apresentava como um dos seus aspectos mais marcantes o poder de persuasão sobre os sertanejos: "Quando ele falava, os homens abandonavam as boiadas e as lavouras, as mulheres abandonavam as casas, e todos vendiam quanto possuíam, e lá se iam em pós ele, ardendo em fé e em loucura".[58]

Bilac, utilizando a personagem Broca, explicou as origens da crença de Conselheiro:

> Aqui temos a localização da crença... esquisita, fanática, irregular: tinha uma crença ao seu modo, o profeta! Cria na Virgem Maria e na Rapina, em Jesus Cristo e em Mercúrio, no poder da fé e no poder na bala [...]. Cá temos agora a sede na Renúncia, do desprendimento dos bens terrenos: o nosso Antônio Conselheiro odiava as notas de banco... as da República.[59]

Como podemos constatar, o fanatismo persiste como conceito-chave na construção discursiva que Bilac elaborou sobre o beato cearense. Em outras palavras, o Conselheiro do cronista era um fanático que utilizava a religião como máscara para alcançar desejos materiais e terrenos, ou seja, simplesmente, não passava de um farsante. Também percebemos alguns

---

[58] *Ibid.*, p. 399.
[59] *Ibid.*, p. 400.

pontos de contradição nas crônicas de Bilac, principalmente no que tange à explicação de Canudos como movimento monarquista.

De modo geral, as crônicas de Bilac e Machado de Assis refletem os espíritos inquietos de dois indivíduos que utilizaram os jornais para opinar sobre os mais diferentes assuntos. Um ponto que não pode passar despercebido são as contraditórias representações do Conselheiro, presentes nas crônicas desses dois escritores.

Se, por um lado, Machado destacou o beato como uma espécie de herói aventureiro, não reproduzindo acriticamente as interpretações dos que o enxergavam como fanático, por outro não continuou a trajetória que discordava da opinião dominante em artigos posteriores, adotando uma postura mais branda e controlada nas opiniões sobre o Conselheiro.

Já Bilac, que nas primeiras crônicas rejeitava a explicação política como a principal para a insurreição de Canudos, em meio às angústias ocasionadas pela derrota da Terceira Expedição, acabou aceitando e reproduzindo a imagem do profeta sertanejo como um louco restaurador monarquista.

1.3 COMO DESCREVER UM FANÁTICO: CIÊNCIA E DISCURSO OFICIAL

A Guerra de Canudos foi difundida não apenas na imprensa, mas também na Literatura, na História e na Medicina Legal. Mesmo após o final do conflito, o movimento liderado pelo Conselheiro continuou despertando interesse em estudiosos vinculados a várias áreas do conhecimento, como Antropologia, História, Psicologia e outras ciências, que buscavam explicar as causas e as consequências do embate sangrento.

Nesse sentido, foram elaboradas diversas obras com o intuito de explicar a Guerra de Canudos e a excepcionalidade do seu líder. Os primeiros relatos publicados sobre o tema levaram em consideração a versão dos "vencedores". *A Campanha de Canudos* (1897), *A loucura epidêmica de Canudos: Antônio Conselheiro e Última Expedição a Canudos* (1898) são obras que exemplificam esses relatos dos vitoriosos, bem como a grande repercussão do assunto, mesmo no período pós-guerra.

Nesse contexto de explicações e justificativas, os responsáveis pela destruição do arraial, como o governo do estado da Bahia e o Exército, tentaram dar a sua versão sobre os acontecimentos por intermédio de jornais, livros, relatórios e pronunciamentos. Em meio a uma luta política que opunha vianistas e gonçalvistas/jeremoabistas, a Guerra de Canudos foi utilizada como objeto de manipulação e ataques mútuos dos grupos políticos.

Nesta seção pretendo identificar as representações de Conselheiro mediante os discursos dos representantes do governo baiano, bem como das obras de três contemporâneos pioneiros na descrição de Conselheiro e da guerra.

Os primeiros conflitos entre os seguidores do Conselheiro e o governo da Bahia iniciaram-se antes mesmo do período da Guerra de Canudos (1896-1897). Em 1893, ainda na gestão do governador Rodrigues Lima (1892-1896), a força policial do estado foi requisitada pelo juiz da comarca de Itapicuru, após os acontecimentos da quebra do edital de cobrança de impostos pelos seguidores do Conselheiro na vila do Soure. Derrotados pelos conselheiristas em Massetê, algum tempo depois o beato cearense fundou o arraial de Belo Monte, nas proximidades do Rio Vaza-Barris.

Esses eventos que tiveram repercussão nacional são de fundamental importância para a compreensão de Canudos. Segundo Consuelo Novais Sampaio, até 1893, ano desses acontecimentos, Rodrigues Lima (1845-1903) e Cícero Dantas Martins (1838-1903) – o barão de Jeremoabo[60] – pertenciam ao mesmo grupo político: o Partido Republicano Federalista. Com a cisão do grupo, formaram-se o Partido Republicano Federal, liderado por Luís Viana (1846-1920), e o Partido Republicano Constitucional, liderado por José Gonçalves da Silva (1838-1911), e pelo próprio barão de Jeremoabo.[61]

A partir disso, a luta oligárquica pelo poder no plano estadual instituiu-se em dois polos: vianistas versus gonçalvistas/jeremoabistas. Mesmo sem gozar na época de grande prestígio político, Cícero Dantas Martins foi uma das figuras centrais na relação entre os poderosos locais e o arraial de Canudos. Além de ser acusado de "monarquista encapotado" por estar supostamente envolvido com Conselheiro e sua gente, o grande latifundiário baiano provavelmente esteve em contato com o líder de

---
[60] Cícero Dantas Martins foi o maior latifundiário do norte/nordeste, possuindo a volumosa quantidade de 61 fazendas – sendo 59 na Bahia – distribuídas em vários municípios, como Itapicuru, Soure, Bom Conselho, Jeremoabo, Coité, Tucano, Cumbe, Monte Santo, Raso, Curaçá e Santo Amaro. SAMPAIO, Consuelo N. (org.). **Canudos**: cartas para o barão. São Paulo: Editora da Universidade de São Paulo, 1999, p. 18.
[61] *Ibid.*, p. 23.

Canudos em duas oportunidades (uma na vila do Soure e outra em Bom Jesus), interferindo pessoalmente na organização de forças policiais contra o Conselheiro e seus adeptos.

Todos esses fatores – além do fato de ser o maior proprietário de terras do sertão baiano – tornaram o barão de Jeremoabo um dos principais personagens desse contexto. Figuras como ele ajudaram a criar e a fomentar a "construção do medo" que Canudos simbolizaria. De acordo com Sampaio, "o medo que destruiu Canudos surgiu de cima, numa cruenta disputa pelo poder político" que, espalhada e recriada pela imprensa, atingiu todo o país.[62] O principal receio dos "donos do poder" era a destruição das propriedades fundiárias já que, em várias fazendas, a força de trabalho havia diminuído consideravelmente.

A construção do medo pode ser percebida na análise das discussões da Câmara dos Deputados da Bahia, em 1894. Em sessão do dia 23 de abril – que, por sinal, foi bastante acirrada e polêmica –, podemos perceber, além do receio existente em relação a Canudos e à estabilidade da ordem no sertão, várias outras representações sobre Antônio Conselheiro.[63]

As discussões foram iniciadas por Antônio Bahia da Silva Araújo (1845-1916), que se apresentou como porta-voz do povo de Monte Santo para solicitar providências ao governo do Estado. Na fala do ilustre deputado e de outros colegas, o arraial de Belo Monte representava uma ameaça à tranquilidade e à ordem nos sertões devido ao grande número de adeptos do Conselheiro naquele local (mais de 10.000 pessoas) que, de acordo com eles, não passavam de criminosos de várias espécies, desobedientes das leis republicanas. Nesse sentido, o Conselheiro é mostrado como um fanático – alguém que teve seu caráter pacífico de construtor de igrejas e cemitérios modificado após a Proclamação da República, quando se torna um "rei absoluto" e "perturbador da ordem", visto, inclusive, com intenções políticas eleitorais.[64]

No final do discurso, Antônio Bahia propôs a criação de uma comissão de deputados para auxiliar o governador, investigando e expondo os fatos de Canudos para que as devidas providências fossem tomadas, ou seja, "sufocar uma rebelião" por meio da força.[65]

---

[62] *Ibid.*, p. 32.
[63] *Ananes da Câmara dos Senhores Deputados do Estado Federado da Bahia.* Sessões do ano de 1894. Vol. 1. Bahia: Typographia do Correio de Notícias, 1894.
[64] *Ibid.*, p. 113.
[65] *Ibid.*, p. 109.

Por outro lado, apesar de reconhecer em Conselheiro os traços do fanatismo, José Justino expõe os fatos a partir de outra perspectiva. Mesmo afirmando não querer defender o beato, o deputado acabou descrevendo o Conselheiro e Canudos de uma forma bastante lúcida para os padrões da época.

Não obstante o tumulto provocado no plenário, José Justino destacou o Conselheiro como um místico pacífico e benfeitor, realizador de obras que nem o governo, nem os párocos, faziam, e defendeu a seguinte tese: "A câmara não conhece o que aquilo é. Todos falam de ouvir dizer, porque mesmo as informações que parecem mais positivas, essas não são a expressão da verdade".[66]

Apesar da insistência dos outros deputados na narrativa de Canudos como um reduto de bandidos que deveria ser reprimido pela força, Justino afirma que não houve "delito" ou "conflagração", argumentando que deveriam ser empregados outros meios e não a violência. De acordo com ele, a forma de evitar uma matança era a dispersão dos habitantes de Canudos com a linguagem que os fizeram seguir o Conselheiro: a religião. Justino propôs que o governador aproveitasse a influência da religião nos sertões para, por meio do arcebispado, enviar uma missão que dispersasse os conselheiristas pela via pacífica, utilizando apenas o verbo.

Um ano mais tarde, Rodrigues Lima solicitou auxílio ao arcebispado, que enviou para Canudos uma missão chefiada pelo Frei João Evangelista do Monte Marciano (1843-1921). A tentativa não logrou êxito, mas acabou gerando um dos relatos mais noticiados sobre o arraial no período pré-guerra. Divulgado por quase todos os periódicos soteropolitanos, o Relatório elaborado pelo Frei João Evangelista explicou, a partir do ponto de vista do clero baiano, a situação de Canudos e, consequentemente, colocou em movimento outras representações de Antônio Conselheiro.

No dia 13 de maio de 1895, a missão chegou a Canudos objetivando chamar a atenção de Antônio Conselheiro e dos seus seguidores acerca dos "deveres católicos e de cidadãos".[67] Assim como em textos anteriores, a descrição do beato aparece logo no início do relato, seguindo a estrutura argumentativa de expor a sua aparência, as suas vestes e os seus costumes,

---

[66] Ibid., p. 109.
[67] MARCIANO, João Evangelista de M. Relatório sobre Antônio Conselheiro e seu Séquito no Arraial dos Canudos. Bahia: tipografia do Correio de Notícias, 1895. In: CALASANS, José. **Cartografia de Canudos**. Salvador: Secretaria da Cultura e Turismo do Estado da Bahia – Conselho Estadual de Cultura – EGBA, 1997. p. 3.

os quais, segundo Frei Evangelista, contribuíram de forma significativa para que o místico cearense atraísse tantos seguidores.[68]

O relatório também descreve os encontros entre os missionários capuchinhos e Antônio Conselheiro, sempre repletos de tensão e desconfianças. Depois de explicar os motivos da sua visita, Frei João Evangelista reclamou ao peregrino da grande quantidade de homens armados e dos óbitos devido à "miséria" e ao "abandono" em que os moradores viviam naquela comunidade, e ouviu as seguintes palavras:

> É para minha defesa que tenho comigo estes homens armados, porque v. revm. ha de saber que a polícia atacou-me e quis matar-me no lugar chamado *Masseté*, onde houve mortes de um e de outro lado. No tempo da monarquia deixei-me prender, porque reconhecia o governo; hoje não, porque não reconheço a República.[69]

Depois de escutar do missionário que a sua doutrina era errada, Antônio Maciel teria respondido: "Eu não desarmo a minha gente, mas também não estorvo a santa missão".[70] No decorrer do relato, a descrição segue a tônica da apresentação do beato como um fanático e de Canudos como um reduto de bandidos e miseráveis de todo o tipo. Frei Evangelista também caracterizou o líder de Belo Monte como um homem que transmitia conselhos, mas que, embora se abstivesse da função sacerdotal, não dava muita importância aos sacramentos, dedicando-se mais ao que ele denominou "sinais de superstição e idolatria", a exemplo do ato de beijar as imagens.[71]

Abrindo a missão em 14 de maio, o capuchinho relatou que tudo transcorreu com tranquilidade, até o quarto dia, quando a pregação sobre "o dever da obediência e a autoridade" inquietou os conselheiristas, que começaram a organizar uma série de manifestações contrárias à presença dos frades, foram chamados de maçons, protestantes e republicanos. O clima no arraial ficou tenso e culminou no término precoce da missão. Amargurado, Frei João Evangelista de Monte Marciano profetizou a destruição de Canudos:

---

[68] *Ibid.*, p. 6-9.
[69] *Ibid.*, p. 7.
[70] *Ibid.*, p. 7.
[71] *Ibid.*, p. 10.

> Desconheceste os emissários da verdade e da paz, repeliste a visita da salvação: mas ai vêm tempos em que forças irresistíveis te sitiarão, braço poderoso te derrubará, e arrasando as tuas trincheiras, desarmando os teus esbirros, dissolverá a seita impostora e maligna que te reduziu a seu jugo, odioso e aviltante.[72]

Como podemos ver, a descrição de Monte Marciano faz questão de ressaltar que Canudos era um arraial formado por bandidos e facínoras de todas as espécies e lugares, liderados cegamente por Antônio Conselheiro, um louco e fanático. Segundo Bartelt, o relatório do capuchinho antecipa o consenso sobre o extermínio de Canudos, que iria manifestar-se com mais ênfase em 1897[73]. Um ano após a campanha militar que dizimou o arraial de Belo Monte, o tenente-coronel Emídio Dantas Barreto publicou sua primeira versão sobre os acontecimentos de Canudos.[74] *Última expedição a Canudos* (1898) foi um dos escritos pioneiros sobre o assunto, sobretudo por apresentar o relato de um participante da campanha. Dantas Barreto reconheceu que o movimento liderado pelo Conselheiro não se tratou de uma conspiração monarquista: "A coparticipação dos monarquistas, portanto, nos acontecimentos de Canudos, foi toda platônica, os fatos não demonstram outra coisa até agora".[75] Contudo, assinalou, Canudos tornou-se uma grande esperança para os grupos monarquistas reaverem o poder perdido, principalmente após a derrota da Terceira Expedição.[76]

Sobre Antônio Conselheiro, Dantas Barreto destacou a sua origem humilde, mas com um passado marcado por crimes, o que contribuiu para alçar o seu nome à galeria "dos grandes heróis e dos grandes reformadores da humanidade". O autor explica que o passado "hediondo" foi marcado pelo assassinato da própria mãe, o que contribuiu para Maciel vagar errante pelos sertões, numa contínua peregrinação que o transformou em um eremita. Em pouco tempo reuniu, com os seus sermões, grande quantidade de adeptos que, segundo o militar, era formado por todos os tipos de bandidos.[77]

---

[72] *Ibid.*, p. 15.
[73] BARLET, 2009, p. 121.
[74] Em 1905, Dantas Barreto publicou **Acidentes da guerra**, também acerca das suas experiências na campanha de Canudos.
[75] BARRETO, Emídio D. **Última expedição a Canudos**. 1. ed. Porto Alegre: Franco e Irmão, 1898, p. 14.
[76] *Ibid.*, p. 12.
[77] *Ibid.*, p. 7-8.

Apesar de também enxergar o Conselheiro como um fanático, Dantas Barreto destacou, em alguns momentos, as qualidades do inimigo, "um homem de certo superior",[78] diferentemente de alguns contemporâneos, como Aristides Milton, que não reconheceram virtudes no profeta sertanejo, vislumbrando-o apenas como um fanático. Em linhas gerais, vários desses contemporâneos de Barreto – como o próprio Aristides Milton – buscaram elementos para sustentar a abordagem do fanatismo conselheirista na tese defendida pelo professor Raimundo Nina Rodrigues (1862-1906), que compreendia Canudos como um movimento ocasionado pela psicologia das multidões.

Nascido no Maranhão, além de médico, Nina Rodrigues foi professor da Faculdade de Medicina da Bahia, primeiro curso de ensino superior do Brasil, fundado em 1808, com o nome de Escola de Cirurgia da Bahia, e uma das mais importantes instituições científicas brasileiras do século XIX.[79] Pesquisador dos temas raça, cultura e criminologia, fundador da Escola Baiana, precursor dos estudos de etnografia e psicologia social do negro no Brasil,[80] reconhecido internacionalmente como um dos criadores da psicologia gregária, normal e patológica, além de pioneiro no estudo de psicologia da coletividade.[81]

É necessário ressaltar que a Escola Baiana da qual Nina Rodrigues fazia parte destacou-se pelo seu papel investigativo de identificação das raças e a fragilidade dos cruzamentos, como forma de reflexão, sobre as causas do atraso. Foram os precursores nos estudos de frenologia e craniologia no Brasil, recebendo, consequentemente, grande influência da Escola Italiana, principalmente no que dizia respeito às relações entre "criminalidade e degeneração".[82]

---

[78] *Ibid.*, p. 6-9.

[79] SCHWARCZ, Lilia M. As faculdades de medicina ou como sanar um país doente. *In*: SCHWARCZ, Lilia M. **O espetáculo das raças**: cientistas, instituições e questão racial no Brasil (1870-1939). São Paulo: Companhia das Letras, 1993.

[80] Para José Augusto C. B. Bastos, um dos maiores méritos de Nina Rodrigues foi sua atitude transgressora no que diz respeito às fronteiras acadêmicas. O cientista maranhense levou a sério, sendo o pioneiro nas pesquisas sobre as produções culturais dos africanos e seus descendentes, numa época em que os intelectuais não davam importância a esse tema. Ver: BASTOS, José A. C. B. **Incompreensível e bárbaro inimigo**. Salvador: Editora da Universidade Federal da Bahia, 1998, p. 81.

[81] Nina Rodrigues publicou várias obras, destacando-se **Os Africanos no Brasil** (1932), **As raças humanas e a responsabilidade penal no Brasil** (1894), **O alienado no Direito civil brasileiro** (1901), **O animismo fetichista dos negros baianos** (1900). Escreveu, ainda, diversos artigos para revistas nacionais e internacionais que ajudaram a divulgar os seus estudos e conquistar a sua fama (RODRIGUES, Raimundo N. **As coletividades anormaes**. 1. ed. Rio de Janeiro: Civilização Brasileira, 1939, p. 84).

[82] SCHWARCZ, 1993, p. 210.

Como o principal representante dessa escola, Nina Rodrigues compreendia o cruzamento racial como o nosso "grande mal", mas, por outro lado, acentuava que essa era a nossa grande diferença em relação aos países europeus "civilizados". Outra ideia compartilhada pelos doutores baianos – os grandes especialistas em Medicina Legal no país, principalmente a partir de 1890 – era que o cruzamento racial explicava a criminalidade, a loucura e a degeneração biológica e moral do indivíduo. De acordo com Schwarz, o olhar da Medicina Legal estava voltado para o criminoso e não para o crime.[83]

Considerando a importância e a influência nos temas referentes às questões da raça e da cultura, uma questão significativa como o movimento de Canudos não poderia passar despercebida pelo crivo analítico do cientista maranhense. Assim, em 1º de novembro de 1897, Nina Rodrigues publicou, na *Revista Brasileira*, o artigo "A loucura epidêmica de Canudos: Antônio Conselheiro e os jagunços", posteriormente incluído no livro *As Coletividades Anormais*, organizado por Arthur Ramos (1903-1949).[84]

O estudo de Rodrigues foi bastante citado nos trabalhos sobre Canudos, pois além de se tratar de uma análise de um contemporâneo da guerra, também expressou o posicionamento de um cientista que desejava compreender a formação do movimento sertanejo a partir de um estudo médico-científico sobre o seu líder, para, assim, solucionar a questão que intrigava a tantos: afinal, quem era Antônio Conselheiro?

No contexto do presente livro, o estudo de Nina Rodrigues é uma referência indispensável para compreendermos como foram criadas e reelaboradas as representações do Conselheiro no final do século XIX. É necessário destacar que as análises do professor de Medicina Legal influenciaram vários intelectuais brasileiros, inclusive Euclides da Cunha, que glosou e reproduziu algumas dessas teses em *Os sertões*.[85] Ou seja, o artigo de Nina Rodrigues expressou a compreensão de parte expressiva da comunidade médica sobre Antônio Conselheiro, criando novas representações sobre o líder de Belo Monte, sem, contudo, deixar de reproduzir e reelaborar antigos discursos e velhas imagens, principalmente aquela

---

[83] Ibid., p. 190-198.

[84] Este artigo foi publicado no Brasil em 1897 e na França no ano seguinte. RODRIGUES, Raimundo. N. **As Colletividades Anormaes**, p. 50.

[85] Flavio J. S. Costa, explica que *Os sertões* "conferiu foros de autenticidade para o retrato psicológico que se pintou de Conselheiro. O tempo e a repetição encarregaram-se de firmar o que parecia ser definitivo diagnostico sobre os aspectos mentais da figura do 'Santo de Belo Monte". Ver: COSTA, Flávio J. S. **Antônio Conselheiro louco?** Ilhéus: Editora da Universidade Estadual de Santa Cruz, 1998, p. 49.

ligada ao fanatismo. Ademais, é importante discutir como as representações criadas por Rodrigues foram assimiladas e reelaboradas na obra máxima de Euclides – o que abordaremos na sequência do capítulo.

No início de *A loucura epidêmica de Canudos*, o professor da cadeira de Medicina Legal externou um diagnóstico acerca do líder sertanejo:

> A conduta de Antônio Conselheiro mantendo-se até a morte no seu posto, quando lhe teria sido facílimo retirar-se de Canudos para ponto mais estratégico é a confirmação final da sua loucura na execução integral do papel do Bom Jesus Conselheiro que lhe havia imposto a transformação de personalidade do seu delírio crônico.[86]

No trecho citado podemos identificar uma das teses norteadoras da análise de Nina Rodrigues sobre o Conselheiro: um indivíduo que, sofrendo de loucura, experimentou um processo de transformação da personalidade. Se antes era Antônio Vicente Maciel, indivíduo mentalmente normal, com uma vida social mais ou menos estabilizada (casado, com filhos, emprego), logo após a descoberta da traição foi acometido por um "delírio crônico" que resultou na transformação da sua personalidade em um ser místico, religioso e fanático, um vivente errante dos sertões nordestinos.

Para explicar melhor a loucura de Antônio Conselheiro, bem como a influência arrebatadora – espiritual e temporal – sobre as populações sertanejas, Rodrigues afirmou ser necessário estudar os antecedentes do fato para, assim, poder proceder a uma investigação científica. Objetivando explicar o surgimento da figura misteriosa do Conselheiro, o médico maranhense procurou estudar as populações sertanejas em seus aspectos social e religioso. Conforme a análise do cientista, a crença fervorosa dos sertanejos explicar-se-ia pela "preocupação mística da salvação da alma [que] torna suportáveis todas as privações, deleitáveis todos os sacrifícios, gloriosos todos os sofrimentos, ambicionáveis todos os martírios".[87]

Nina Rodrigues diagnosticou o eremita cearense como "um simples louco", portador de uma psicose progressiva, reflexo do meio em que ele nasceu e viveu. Utilizando vários conceitos psiquiátricos – "delírio crônico" (Valentin Magnan), "psicose sistemática progressiva" (Paul Garnier), paranoia primária dos "italianos" –, o legista dividiu a vida do Conselheiro em três fases ao longo do processo de transformação que durou trinta anos.

---

[86] RODRIGUES, Raimundo. N. **As Colletividades Anormaes**, p. 50.
[87] *Ibid.*, p. 51.

A primeira fase da psicose primitiva foi caracterizada pela vivência como Antônio Vicente Mendes Maciel, um indivíduo simples, responsável pelas irmãs e pela casa comercial do pai, que se casou com uma prima. O médico maranhense também destacou que nessa fase, Antônio Maciel mudou constantemente de emprego e nessas andanças descobriu a infidelidade da esposa, fato que mudou definitivamente a sua vida.

Para o ilustre cientista, a primeira fase da insanidade de Maciel, a *loucura hipocondríaca*, podia ser explicada como uma espécie de delírio crônico, caracterizado por lutas conjugais e repetidas mudanças.

> Dissensões contínuas com a mulher e com a sogra, mudanças sucessivas de emprego e de lugar, revolta agressiva com vias de fato e ferimento de um parente que o hospeda, não é preciso mais reconhecer os primeiros esboços da organização do delírio crônico sob a forma do delírio de perseguição [...].[88]

A primeira fase da doença da personagem estendeu-se, de acordo com Nina Rodrigues, até 1876, quando ele descobriu o seu "delírio" e iniciou a vida como Antônio Conselheiro, beato, missionário, reformador da fé e dos costumes, "era o átrio apenas de onde a loucura religiosa o havia de elevar ao Bom Jesus Conselheiro da fase megalomaníaca da sua psicose".[89]

Rodrigues parecia desconhecer a notícia relatada por *O Rabudo* (1874) e elegeu 1876 como a data do surgimento de Antônio Conselheiro devido ao fato de, no ano em questão, registrar-se extensa divulgação de reportagens sobre as atividades do místico: "[...] no fim de alguns meses de propaganda, A. Conselheiro é preso e enviado para o Ceará sob a suspeita de ser criminoso na sua província natal".[90] Enfim, o cientista embasou algumas das suas teses sobre o líder sertanejo a partir das informações contidas nos escritos do coronel João Brígido dos Santos (1829-1921).[91]

---

[88] Ibid., p. 54.
[89] Ibid., p. 55.
[90] Ibid., p. 56.
[91] Nina Rodrigues não somente baseou a sua análise no cronista cearense, mas, em alguns trechos, copiou literalmente passagens dos artigos "Crimes célebres: Araújos e Maciéis" (1890), publicados primeiramente na imprensa cearense e, posteriormente, incorporados no livro *Precursores da independência: homens e fatos do Ceará (1899)*. Nesse relato, Brígido descreveu a origem do conflito entre os Araújos e Maciéis, "entusiasmado com a tese lombrosiana [...] vai lançar as bases da lendária degenerescência familiar do Conselheiro [...] de família que sofria de afecção mental própria para produzir os fenômenos que se observam nele" (COSTA, 1998, p. 55; CUNHA, Euclides da. **Os sertões**: campanha de Canudos. Edição, prefácio, cronologia notas e índices de Leopoldo Bernucci. São Paulo: Atetiê Editorial; Imprensa Oficial do estado; Arquivo do Estado, 2001. p. 801).

Como nos textos jornalísticos e literários já analisados, o cientista maranhense também procurou descrever Antônio Conselheiro: "[...] revestido ao modo dos monges, de longa túnica azul cingida de grossa corda, descalço, arrimado a tosco bordão, empreende missões ou desobrigas". O médico ressaltou, ainda, as funções de líder do arraial de Canudos como sacerdote e o caráter dos seus sermões, direcionados contra o luxo, as preocupações seculares (inimigos da fé), as falsas crenças (maçonaria, protestantismo) e todos os elementos que não levassem a uma vida devotada ao reino dos céus. Suas práticas também eram bastante ascéticas, com uma vida dedicada às orações, aos jejuns, com pouco sono e o combate aos "desmandos ou atentados contra a propriedade ou as pessoas".[92]

A segunda fase da loucura de Antônio Maciel – já assumindo a identidade do Conselheiro – foi descrita por Rodrigues considerando informações como a prisão do religioso no interior baiano, em 1876, a revolta dos seus adeptos, a aceitação pacífica do cárcere, os maus-tratos dos soldados, a ida ao Ceará e o retorno à Bahia, quando as autoridades descobriram que as acusações levantadas contra ele eram falsas.[93] Para Nina Rodrigues, a mudança de personalidade de Antônio Maciel denotava a "coerência lógica do delírio" do indivíduo. O legista assinalou que a prisão e o retorno do místico à Bahia acentuaram ainda mais o seu papel de enviado de Deus e, consequentemente, o delírio.[94]

Segundo Nina Rodrigues, com a Proclamação da República, o delírio religioso do Conselheiro teria se desdobrado e o seu prestígio diante das populações sertanejas aumentou consideravelmente, dando início ao terceiro estágio da psicose. Nessa fase, marcada pela oposição à República, o adversário que havia instituído a subversão de valores sagrados, como a separação entre a Igreja e o Estado, a secularização dos cemitérios, o casamento civil e tudo mais que ele representava, Conselheiro teria se autoproclamado um monarquista, alcançando nas regiões de suas andanças e pregações o auge da influência sobre os sertanejos, aconselhando-os à rejeição da moeda republicana, bem como do pagamento dos impostos ou de qualquer ato que fosse contrário aos preceitos religiosos.[95]

---

[92] RODRIGUES, Raimundo. N. **As Colletividades Anormaes**, p. 60.
[93] As informações da prisão de Conselheiro foram conseguidas com testemunhas do interrogatório. Ver: p. 56-57.
[94] RODRIGUES, Raimundo. N. **As Colletividades Anormaes**, p. 56.
[95] Nina ressaltou que a influência de Conselheiro ganhou mais notoriedade nos sertões devido às várias obras, como as reformas ou construções de igrejas e cemitérios e os milagres realizados, o que arrebatou cada vez mais pessoas vindas de diferenciados lugares da Bahia, de Sergipe, de Pernambuco e das Alagoas. Os fiéis, além de ouvirem as pregações, buscavam melhores condições materiais de vida (p. 59).

Contudo não era só a República o alvo das críticas de Conselheiro. O clero também era repreendido, principalmente no que tangia à fácil aceitação ao novo regime político. Nesse sentido, Rodrigues comentou que a missão dos capuchinhos não logrou êxito devido ao grau de fanatismo em que a população sertaneja estava imersa. Para o médico legista, os sertanejos já esperavam um confronto armado, e temendo os desdobramentos, Antônio Conselheiro arquitetou o refúgio em um local de difícil acesso – Canudos –, pois também já tinha experimentado "diversos insucessos de pequenas expedições policiais".[96]

O estabelecimento do Conselheiro em Canudos resultou nas derrotas de três expedições militares e na transformação de um povoado quase deserto em uma "Vila florescente e rica". Por outro lado, a fundação de Canudos não foi entendida por Nina Rodrigues como um mero devaneio do místico líder. Segundo o legista, dever-se-ia levar em consideração também a "psicologia da época e do meio em que a loucura do Conselheiro achou combustível para atear o incêndio de uma verdadeira epidemia vesânica".[97] Para explicar a *loucura epidêmica* de Canudos, Nina Rodrigues ancorou-se teoricamente em Charles Lasègue (1816-1883) e Jean-Pierre Falret (1794-1870), autores que destacam as fases das patologias.[98]

A tese central esboçada por Nina Rodrigues foi transposta para a experiência histórica de Canudos da seguinte forma: Antônio Conselheiro era o elemento ativo da loucura e os jagunços o receptor, ou seja, o sujeito passivo. Porém, de forma determinista, as questões sociais e políticas do meio (o sertão), aliadas à loucura de Conselheiro – provocada em parte pelo ambiente social retrógrado no qual viveu –, relacionaram-se, instituindo o arraial de Canudos um caso típico de loucura epidêmica.

Nina Rodrigues objetivava explicar também que a força e as qualidades dos lutadores conselheiristas eram características da raça sertaneja e não um mérito específico dos guerrilheiros de Belo Monte. Por outro lado, o legista reconheceu que, além das próprias qualidades da raça mestiça sertaneja, acrescentaram-se outros elementos, como o ímpeto da defesa de seus ideais.

> Tal é a origem e a explicação da força sugestiva de Conselheiro no papel de elemento ativo da epidemia de loucura de

---

[96] RODRIGUES, Raimundo. N. **As Colletividades Anormaes**, p. 61.
[97] *Ibid.*, p. 63.
[98] *Ibid.*, p. 63-64.

Canudos. [...] instinto belicoso, herdado do indígena americano, que, para dar satisfação pelas armas às suas aspirações monarquistas, se apoderou do conteúdo do delírio de perseguição de Conselheiro que, nas suas concepções vesânicas tinha acabado identificando a república com a maçonaria. E foi este o segredo da bravura e da dedicação fanatizada dos jagunços que, de fato, se batiam pelo seu rei e pela sua fé.[99]

Ao final da guerra, o corpo do Conselheiro, depois de localizado, foi exumado, degolado e a cabeça enviada à Escola de Medicina da Bahia para ser devidamente estudada, do ponto de vista médico legal e antropológico, por um dos maiores cientistas brasileiros da época, Nina Rodrigues. Segundo o próprio médico, ele somente tomou conhecimento da notícia de que o cadáver havia sido encontrado quando redigia as últimas linhas de *A loucura epidêmica de Canudos*.[100]

O corpo do beato foi encontrado em 6 de outubro, nos escombros da residência onde vivia, com as seguintes características: braços cruzados no peito, trajando a tradicional túnica azul, sandálias de couro e com os cabelos e barbas longas.[101]

Figura 2 – Antônio Conselheiro morto

Fonte: Augusto Flávio de Barros (1897)

---

[99] Ibid., p. 77.
[100] Ibid., p. 131.
[101] REVISTA Trimestral do Instituto do Ceará, Ceará, ano I, tomo I, p. 261-262, 1887, 1º, 2º e 3º trimestres de 1887, p. 261-262

A cabeça do profeta sertanejo chegou até Nina Rodrigues pelas mãos do médico-chefe da Quarta Expedição, o major José de Miranda Cúrio.

> Com o fim de impedir o desenvolvimento da seita de Conselheiro, como também para impedir a crença na fuga de Conselheiro, as autoridades exumaram seu cadáver para estabelecerem sua identidade e procederem á autopsia. A cabeça foi separada, sendo-me o crânio oferecido pelo médico chefe da expedição, o Major Dr. Miranda Cúrio. Encontra-se atualmente no laboratório de medicina legal da Bahia.[102]

O estudo sobre o crânio de Conselheiro foi publicado inicialmente em língua francesa, no ano de 1901, e incluído, quase quatro décadas depois, na coletânea *As coletividades anormais*. A análise foi realizada na seção *OBSERVAÇÃO IV (pessoal) – Epidemia de loucura religiosa em Canudos, história médica do alienado meneur*, na qual Nina Rodrigues reafirmou a tese que compreendia a população mestiça de Canudos como um grupo formado por várias influências (selvagens, bárbaras, indígenas ou negros), encontrando-se manifestações diversas de desequilíbrio mental, "desde a neuropatia, os simples temperamentos nervosos, até as grandes neuroses, a neurastenia, a histeria, a epilepsia e alienação mental confirmada".[103]

Segundo Rodrigues, por meio de uma crença confusa e fetichista, os sertanejos aderiram de forma natural às ideias do beato cearense, abandonando as casas, o trabalho e os parcos bens para seguir o pretenso santo. Conforme o legista, essas atitudes revelavam a influência de Conselheiro sobre os camponeses e a materialização do estado de loucura coletiva. Assim, os sertanejos representavam o componente passivo da patologia, enquanto "o chefe da turba" era o agente ativo e responsável pela disseminação da loucura.

Juntamente ao Dr. Sá de Oliveira, Nina Rodrigues realizou um "exame craniométrico" da cabeça do líder de Belo Monte, constatando ser um crânio "mestiço" que não apresentava anomalias de acordo com as crenças daquele tipo de conhecimento científico.[104] Apesar de reconhecer que se tratava de um crânio "normal", o médico maranhense foi categórico ao afirmar que o Conselheiro sofria de "delírio crônico de evolução sistemática", em que pesava consideravelmente o histórico familiar. Para Flávio

---

[102] RODRIGUES, Raimundo. N. **As Colletividades Anormaes**, p. 131.
[103] *Ibid.*, p. 126.
[104] *Ibid.*, p. 131.

J. S. Costa, a noção de degenerescência aparece como um dos conceitos norteadores da análise de Rodrigues.[105]

Sem querer entrar no mérito da validade das fontes utilizadas por Nina Rodrigues nos estudos sobre Conselheiro, é evidente que os rótulos "louco", "megalomaníaco", "atávico" e todos os estereótipos relacionados às doenças mentais aparecem com ênfase nos textos do cientista maranhense. A leitura dos escritos de Rodrigues permite-nos afirmar que o conceito de fanatismo ficava submetido à loucura. Ou seja, apesar do adjetivo fanático não aparecer com muita frequência nos trabalhos do legista, podemos concluir que ele entendia que as manifestações de fanatismo de Conselheiro e dos seus seguidores estavam diretamente ligadas ao seu estado primordial de degenerescência mental. Essa anomalia, segundo Nina Rodrigues, sem dúvida era inerente às raças mestiças, daí a importância da explicação baseada nos antecedentes familiares de Antônio Vicente Mendes Maciel.

Outra curiosidade relevante, no tocante às fontes utilizadas por Nina Rodrigues para compor o perfil social e psicológico de Conselheiro, diz respeito à escolha da obra escrita pelo cearense João Brígido. Até onde sabemos, *Crimes célebres: Araújos e Maciéis* (1890)[106] – que, posteriormente, transformou-se na obra *Ceará: homens e fatos* –, configurava-se, na época, como uma das únicas referências sobre a vida de Antônio Maciel. Assim, a obra de Brígido tornou-se referência básica em biografias e estudos sobre o Conselheiro, sendo utilizada por muitos escritores contemporâneos da guerra, tais como: Euclides da Cunha, Manoel Benício, Henrique Macedo Soares, Nina Rodrigues, dentre outros.

Após a derrota da terceira expedição, a ideia de uma fantasiosa restauração monárquica foi exaustivamente manipulada por alguns grupos republicanos. O próprio governador Luís Viana, no derradeiro ano da guerra, esteve envolvido em polêmicas e acusações de favorecimento ao arraial de Canudos. Em algumas ocasiões, Viana teve que dar explicações públicas sobre as acusações recebidas, como no Relatório sobre Antônio Conselheiro e Canudos, enviado ao presidente Prudente de Moraes.[107]

---

[105] COSTA, 1998, p. 51.
[106] *Libertador*, Fortaleza, 5 de fevereiro de 1890.
[107] *Mensagem do Sr. Governador da Bahia ao Sr. Presidente da República*: sobre os antecedentes e ocorrências das expedições contra Antônio Conselheiro e seus sequazes. Bahia: Tipografia do Correio de Notícias, 1897.

Em meio à atmosfera de intrigas e acusações, Euclides da Cunha iniciou sua trajetória como escritor da epopeia de Canudos, consagrando-se, anos mais tarde, como um dos principais intérpretes dessa série de eventos históricos.

1.4 "O MAIS SÉRIO INIMIGO DA REPÚBLICA": CONSELHEIRO NA VENDEIA BRASILEIRA

No mesmo dia em que Olavo Bilac escreveu a crônica "Terceira Expedição", o jovem, e ainda desconhecido (pelo menos no campo das letras), Euclides Rodrigues Pimenta da Cunha publicou, em *O Estado de S. Paulo*, o seu texto inaugural sobre a Guerra de Canudos.

Anos mais tarde, Euclides da Cunha foi reconhecido nacionalmente não mais como primeiro-tenente e engenheiro militar, mas como homem de letras, graças à publicação de *Os sertões*, ensaio híbrido, denso, ousado e polêmico sobre a Guerra de Canudos. O livro abriu as portas para o engenheiro-escritor, das instituições mais importantes do país, a exemplo do Instituto Histórico e Geográfico Brasileiro, da Academia Brasileira de Letras e do Colégio Pedro II. A partir do lançamento de *Os sertões*, Euclides ficou conhecido, por muitos anos, como a principal voz sobre a Guerra de Canudos, e até os dias atuais como referência obrigatória sobre o tema.

O conflito no sertão baiano foi um marco na vida de Euclides da Cunha. Além das várias oportunidades profissionais que a Guerra de Canudos ofereceu ao jovem engenheiro militar, segundo Roberto Ventura, também preencheu o vazio existencial e político no qual se encontrava desde o fim da luta pela instauração da República. Desiludido com o projeto republicano, pelo qual havia lutado, a derrota da Terceira Expedição acabou contribuindo para um revigoramento da sua vida pessoal e intelectual. Enfim, o engenheiro-letrado enxergou na guerra a oportunidade para restaurar os verdadeiros ideais da jovem República brasileira.[108]

Euclides, um dos integrantes da geração de 1870, que reclamou grandes mudanças sociais e políticas (a Abolição, a República e a democracia), ficou marginalizado do processo político depois da Proclamação da República (1889), tornando-se um personagem social sem utilidade,

---

[108] VENTURA, 2003, p. 149-152.

um "Paladino malogrado", como explicou Nicolau Sevcenko.[109] Segundo o historiador, excluído das esferas de direção do novo regime político, Euclides da Cunha inseriu-se na forma de reação que fazia do combate permanente para sua principal bandeira.

Herdeiros dos "mosqueteiros intelectuais", os indivíduos que optaram por essa forma de luta resolveram transformar as suas obras em "um instrumento de ação pública e de mudança histórica", tornando-se, desse modo, escritores-cidadãos, homens que buscavam conhecer a fundo a realidade nacional para poderem dirigir, conscientemente, a sua transformação.[110]

Contudo, a inserção de Euclides no tema Canudos teve início cinco anos antes da publicação do seu "livro-vingador". O ensaio *A nossa Vendeia*, publicado em duas partes, nos dias 14 de março e 17 de julho de 1897, em *O Estado de S. Paulo*, habilitou o engenheiro para ser o correspondente de guerra do jornal, cuja tiragem aumentou significativamente com o conflito no sertão baiano.[111]

No primeiro texto, o escritor descreveu as características geográficas do sertão (clima, geologia etc.), referenciado dos trabalhos elaborados por teóricos de diversas áreas do conhecimento, tais como: José de Carvalho, Joaquim Caminhoá (1836-1896), Karl von Martius (1794-1868), Auguste de Saint-Hilaire (1779-1853), Alexander von Humbold (1769-1859) e Georg Hegel (1770-1831). Muitas das ideias foram retomadas cinco anos mais tarde, em "A Terra", primeira parte de *Os sertões*. Contudo, um dos aspectos mais significativos do artigo refere-se à comparação que o autor estabeleceu entre a revolta de Canudos e um episódio da Revolução Francesa: a guerra civil da Vendeia (1793-1796). No acontecimento europeu evocado por Euclides, as tropas revolucionárias derrotaram, em uma luta cheia de obstáculos, os camponeses monarquistas do departamento da Vendeia, mas assim como havia ocorrido na França no século anterior, a jovem República brasileira venceria essa "última prova".[112]

Todavia é importante ressaltar que, como assinalou Leopoldo Bernucci, a temática e o imaginário da Revolução Francesa já estavam presentes nos escritos euclidianos juvenis. Considerada como uma das ideias mais emblemáticas de Euclides, a referência à Vendeia começou a brotar

---

[109] SEVCENKO, 2003, p. 97.
[110] *Ibid.*, p. 134-135.
[111] VENTURA, 2003, p. 152.
[112] CUNHA, Euclides da. **Canudos**: diário de uma expedição. São Paulo: Martin Claret, 2003. p. 125.

desde os seus poemas de 1883 (os sonetos em homenagem a Danton, Marat, Robespierre e Saint-Just), demonstrando que o estudante nutria uma verdadeira paixão pelos ideais da Revolução Francesa.[113]

No ano de 1892, cinco anos antes da publicação de *A nossa Vendeia*, em meio às polêmicas que envolviam o governo do presidente Floriano Peixoto, Euclides da Cunha estabeleceu uma comparação entre o quadro político nacional e Vendeia: "A República brasileira tem também a sua Vendeia perigosa".[114]

Em linhas gerais, o jornalista de *O Estado de S. Paulo* comparava os opositores do "Marechal de Ferro" aos guerrilheiros contrarrevolucionários de 1793. Comparando os dois artigos, Bernucci chegou a algumas conclusões relevantes:

> Tanto o ensaio de 1892 quanto o de 1897, e Os Sertões, deixam entrever um dado curioso da sua composição. Empregando um tom tipicamente professoral, os ensaios começam com análises generalizantes para em seguida construir a metáfora da Vendeia, e a partir dela passar ao estado do fenômeno em particular. Esse movimento pendular já visto como regime de oscilação do discurso euclidiano, com respeito à imagem da Vendeia, tem implicações que valem a pena investigar. Limito-me a uma delas, a de que essa oscilação além de refletir no plano do tropo a incerteza ou dúvida do autor quanto à validade de sua aplicação ao caso de Canudos denuncia também as suas limitações, ora mostrado a semelhança (símile), ora mostrando a identidade (metáfora).[115]

A metáfora Vendeia voltou a servir de elemento comparativo para o engenheiro-escritor em 1897, quando os eventos de Canudos ganharam grande visibilidade no país. Influenciado pela "atmosfera de comoção nacional e ecoando a campanha de manipulação da opinião pública pelos órgãos da imprensa", Euclides escreveu o ensaio *A nossa Vendeia*, buscando explicar os elementos que aproximavam a revolta camponesa brasileira da contrarrevolução francesa, ocorrida um século antes.[116]

---

[113] BERNUCCI, Leopoldo M. **A imitação dos sentidos**: prógonos, contemporâneos e epígonos de Euclides da Cunha. São Paulo: Editora da Universidade de São Paulo, 1995, p. 25-26.
[114] *Ibid.*, p. 25.
[115] *Ibid.*, p. 26.
[116] MOREIRA, Raimundo N. P. **E Canudos era a vendeia**: o imaginário da Revolução Francesa na construção narrativa de Os Sertões. São Paulo: Annablume, 2009, p. 109.

De acordo com o autor de *Os sertões*, vários elementos aproximavam os dois movimentos: a relação entre homem e o seu habitat; o fanatismo religioso que, em ambos os casos, atingiu as "almas ingênuas" dos revoltosos; e até mesmo alguns aspectos característicos dos combatentes, como a "mesma coragem bárbara e singular".[117]

No ensaio, Antônio Conselheiro surgiu, pela primeira vez sob a pena de Euclides, caracterizado pela representação que lhe era mais atribuída: a do fanático. O asceta de Canudos foi descrito como líder de um grupo de fanáticos religiosos que não mediam esforços para seguirem as ideias do mestre e combater os inimigos. Esses heróis fanatizados, assim como os vendeianos, "prendiam as forças republicanas em inextricável rede de ciladas". Euclides assinalou também que o Conselheiro era "o mais sério inimigo da República". Todavia, acreditando na vitória das tropas federais, encerrou o texto afirmando: "A República sairá triunfante dessa última prova".[118]

Na segunda parte do ensaio, publicada em 17 de julho, Euclides da Cunha reafirmou a validade de suas comparações e afirmou que "a aproximação histórica então apenas esboçada, acentua-se definitivamente". Após destacar outros exemplos de embates ao redor do mundo entre nações civilizadas e povos considerados primitivos, o autor de *Os sertões* voltou a destacar o fanatismo do Conselheiro e dos seus adeptos.[119]

A nossa Vendeia é relevante para a compreensão das representações de Antônio Conselheiro em *Os sertões*, pois percebemos as permanências e as mudanças das impressões de Euclides da Cunha antes de sua chegada a Canudos. O ensaio também releva como foram pinçadas as primeiras elaborações do seu autor sobre o líder de Belo Monte que, nesse contexto, já era uma personagem conhecida em todo o país.

As representações primevas do Conselheiro, esboçadas pelo engenheiro-escritor, não diferem muito das imagens que circulavam no período: fanático, louco e monarquista. Como destacado anteriormente, logo após a derrota da Expedição Moreira César e a morte do seu comandante, ganharam força da opinião pública os boatos sobre a natureza restauradora do movimento de Canudos devido à ação dos grupos jacobinos que

---

[117] CUNHA, Euclides da. A nossa vendeia. In: CUNHA, Euclides da. **Canudos**: diário de uma expedição. Rio de Janeiro: Livraria José Olympio Editora, 1939, p. 165-167.

[118] *Ibid.*, p. 167.

[119] *Ibid.*, p. 173.

utilizaram a imprensa como principal veículo de divulgação das suas teses. Euclides, afastado da realidade dos acontecimentos ocorridos no sertão da Bahia, um legítimo "homem do litoral", elaborou uma versão de Antônio Conselheiro a partir dos pressupostos hegemônicos da época, atribuindo ao beato os rótulos de fanatismo religioso e monarquismo.

As aproximações entre Canudos e Vendeia continuaram a fazer parte das concepções teóricas de Euclides da Cunha por muito tempo. Dessa forma, não é de se admirar que na partida para o palco da guerra, em agosto de 1897, a caderneta de campo que carregava em suas mãos fosse intitulada *A mossa Vendeia: diário de uma expedição*. Leopoldo M. Bernucci complementa a observação destacando que "mesmo depois de ter regressado do campo de batalha, a obsessão pelo paralelismo vendeiano persistira". Ademais, o livro que Euclides escreveria sobre a campanha de Canudos, encomendado por *O Estado de São Paulo*, recebeu o título provisório de *A nossa Vendeia*.[120]

1.5 EUCLIDES DA CUNHA E SUAS IMPRESSÕES "NO CALOR DA HORA"

Em 3 de agosto de 1897, juntamente ao estado-maior do ministro de Guerra, Marechal Carlos Machado Bittencourt (1840-1897), Euclides da Cunha embarcou no navio *Espírito Santo* rumo à capital do estado da Bahia. Fruto dos esforços realizados pelo proprietário de *O Estado de S. Paulo*, Júlio Mesquita (1862-1927), o engenheiro militar não somente fazia parte do grupo de adidos do ministro, como recebeu a incumbência de ser correspondente de guerra do jornal e também reunir o máximo de informações possíveis sobre o sertão, objetivando publicar "um trabalho de fôlego sobre Canudos e Antônio Conselheiro".[121]

Chegando a Salvador em 7 de agosto, depois de uma viagem não muito agradável, Euclides aproveitou a permanência na capital baiana para coletar material sobre Canudos: pesquisando em arquivos, entrevistando combatentes feridos, civis e até um prisioneiro de guerra, o que já demonstrava a sua preocupação em analisar diferentes pontos de vista. Ainda na cidade da Bahia, escreveu reportagens e cartas. Para o corres-

---

[120] BERNUCCI, Leopoldo M. **A imitação dos sentidos**: prógonos, contemporâneos e epígonos de Euclides da Cunha. São Paulo: Editora da Universidade de São Paulo, 1995, p. 26.
[121] VILLA, Marco A. **Canudos**: o povo da terra. São Paulo: Ática, 1995, p. 249.

pondente de *O Estado de S. Paulo*, "viajar era escrever incessantemente".[122] Assim, observou o desembarque de feridos e visitou hospitais, permanecendo na cidade até o dia 30. Entretanto a última reportagem, elaborada na primeira capital do Brasil, foi escrita de 23 de agosto.

> [...] Euclides enviou quase todos os dias telegramas para o jornal relatando a sua viagem; no máximo, ficaram somente duas edições consecutivas sem um telegrama seu, entre 13 e 16 de agosto, 25 e 28 do mesmo mês e 4 e 7 de setembro. De 7 de agosto a 7 de setembro, enviou 31 telegramas que foram publicados em *O Estado de S. Paulo*. Estranhamente, entre 7 e 30 de setembro, enviou somente nove telegramas aos jornais cariocas, como a *Gazeta de Notícias*, *A Notícia*, *O País*, etc.[123]

A obra que analisarei na sequência configura-se como significativa para os pesquisadores que investigam a experiência de Canudos, a trajetória de Euclides da Cunha e a construção da narrativa de *Os sertões*.[124] A coletânea intitulada *Canudos: diário de uma expedição* contém 30 artigos enviados para *O Estado de S. Paulo* durante a permanência do correspondente de guerra no território baiano, assim dispostos: um escrito a bordo do Espírito Santo; dez em Salvador, um em Alagoinhas; quatro em Queimadas; um em Cansanção; um em Quirinquinquá; cinco em Monte Santo; e seis em Canudos. No período em questão, Euclides também despachou 64 telegramas.[125]

A leitura de *Canudos: diário de uma expedição* permite destacar algumas curiosidades. O substantivo jagunço, um dos mais utilizados por Euclides da Cunha, foi citado 49 vezes e a alcunha Antônio Conselheiro apareceu em 20 ocasiões, surgindo na reportagem de 15 de agosto (em

---

[122] VENTURA, 2003, p. 172.

[123] VILLA, Marco A. **Canudos**: o povo da terra. São Paulo: Ática, 1997, p. 249.

[124] Publicada em 1939 por Antônio Simões dos Reis, foi lançada pela Editora José Olympio a coletânea que reúne as reportagens do Euclides da Cunha, correspondente de guerra. A obra é dividida em três partes. Na primeira, intitulada "Diário de uma expedição", estão as matérias enviadas para *O Estado de S. Paulo*. Na segunda, alguns telegramas expedidos para o jornal paulistano e para o governador do estado, Campos Sales (1841-1913), além do "Plano de Assalto a Canudos", elaborado pelo chefe da Quarta Expedição, o general Artur Oscar de Andrade Guimarães (1850-?). Na terceira parte estão presentes o ensaio "A nossa Vendeia" e o artigo "O Batalhão de São Paulo" (CUNHA, Euclides da. **Canudos**: diário de uma expedição. Rio de Janeiro: Editora José Olympio, 1939).

[125] Três desses 64 telegramas, "mesmo com as várias reuniões em livro, dos artigos e telegramas, eles jamais foram transcritos, permanecendo até o momento publicados apenas no jornal" (RISSATO, Felipe Pereira. Canudos (telegramas de uma expedição). *In*: ANDRADE, Juan C. P. de (org.). **Artigos**. Disponível em: http://euclidesite.wordpress.com. Acesso em: 5 fev. 2012).

Salvador) e descrita pela última vez em 28 de setembro (em Canudos). A referência às expressões "fanático" e "fanatismo" emergiu em 14 situações e tem um ciclo de aparições semelhante ao epíteto Conselheiro. A primeira citação aconteceu na reportagem de 10 de agosto (em Salvador) e na de 1º de outubro (em Canudos).

Na primeira referência a Antônio Conselheiro, em 15 de agosto, o religioso foi descrito a partir de um amontoado de adjetivos e classificações: peregrino, místico, inimigo da República, doente mental, dentre outros. No conjunto dos estereótipos, um dos mais interessantes – posteriormente incluído em sua obra máxima, com significativa solidez argumentativa – foi "grande homem pelo avesso". "Antônio Conselheiro espécie bizarra de grande homem pelo avesso, tem o valor de sintetizar admiravelmente todos os elementos negativos, todos os agentes de redução de nosso povo".[126] Conforme o juízo emitido pelo correspondente de guerra, o beato cearense era o catalisador de todos os males de uma raça, tais como o fanatismo, o atraso e a barbárie. Portanto, aparecia como o principal inimigo da República e dos valores civilizados.

Na mesma obra, Euclides justificou a importância da guerra, que tinha um significado muito maior do que se imaginava.

> Não se trata de defender o solo da pátria do inimigo estrangeiro, a luta tem uma significação mais alta e terá resultados mais duradouros [...] o que será destruído nesse momento não é o arraial sinistro de Canudos – é a nossa apatia errante, a nossa indiferença mórbida para o futuro, a nossa religiosidade indefinível difundida em superstições estranhas, a nossa compreensão estreita de pátria [...] são os restos de uma sociedade velha de retardados tendo como capital a cidade de taipa dos jagunços.[127]

Segundo o correspondente, a missão do Exército no sertão baiano era mais nobre e séria do que as pessoas pensavam. Destruir o místico líder e o seu arraial era uma questão de garantir um futuro cada vez mais distante dos resquícios de barbárie. Euclides da Cunha destacou também que a liderança de Belo Monte estava nas mãos de um louco, "um notável exemplo de retroatividade atávica [portador de] misticismo interessante de doente grave [...]".[128] A ideia do atavismo, ou da possível loucura de

---

[126] CUNHA, 1939, p. 24.
[127] *Ibid.*, p. 23-25.
[128] *Ibid.*, p. 24.

Antônio Conselheiro, desenvolvida por Nina Rodrigues, estava presente nos escritos euclidianos, tanto nas reportagens do diário quanto nas páginas de *Os sertões*.

De toda sorte, nas reportagens de guerra já apareciam discretamente alguns princípios que ganham substância no "livro vingador" – com destaque para as ideias segundo as quais o Conselheiro era resultado do meio em que vivia e Canudos um exemplo de barbárie.

Antônio Conselheiro voltou a aparecer na reportagem de 18 de agosto, caracterizado como "sinistro evangelizador dos sertões", ao tempo em que Euclides comentou as várias versões existentes para o aparecimento do fenômeno Canudos. Na reportagem do dia seguinte, o correspondente elaborou um artigo relevante para a investigação acerca das representações de Conselheiro. Após descrever o "estado maior" do líder sertanejo (Pajeú, João Abade, Vila Nova, Pedrão, Macambira), discorreu sobre as características físicas, as vestes, os costumes, os hábitos e a autoridade do peregrino frente aos sertanejos. Em seguida, construiu uma versão do líder de Belo Monte, pintando-o como um criminoso e autoritário, reproduzindo até pretensas notícias sobre as atrocidades do beato. "O seu domínio é de fato absoluto; não penetra em Canudos um só viajante sem que ele o saiba e permita. As ordens dadas são cumpridas religiosamente. Algumas são crudelíssimas e patenteiam a feição bárbara do maníaco construtor de cemitérios e igrejas".[129]

Na reportagem de dia 21 de agosto, Euclides da Cunha relatou as pesquisas realizadas na "poeira dos arquivos". Sublinhou a leitura de um exemplar do jornal *A Pátria*, da cidade de São Félix, datado de 20 de maio de 1894, que estampava a matéria "Ainda o Conselheiro". A nota apoiava-se em uma carta recebida "de um negociante filho de Monte Santo", que trazia uma série de impressões sobre o peregrino e a sua gente. O Conselheiro foi descrito como ignorante, criminoso e líder do "Império de Belo Monte". O séquito do profeta era constituído pela "canalha fanatizada e assassina", por "malfeitores", gente que se armava para a luta.[130]

Em 23 de agosto, na última reportagem elaborada na capital da Bahia, Euclides mencionou o contato com outra obra que lhe serviu como fonte: *Descrições práticas da província da Bahia*. Após reproduzir o trecho referente ao "célebre Conselheiro", o correspondente de guerra

---

[129] *Ibid.*, p. 39.
[130] *Ibid.*, p. 46-48.

assinalou: "À medida que nos avantajamos no passado aparecem de um modo altamente expressivo as diversas fases da existência desse homem extraordinário". Não obstante, a narrativa parece corroborar a tese da "evolução espantosa de um monstro". Por outro lado, destacou o equívoco dos que classificavam o beato como um medíocre ou maníaco comum e inofensivo. "Tudo é relativo; considerá-lo um fanático vulgar é de algum modo enobrecê-lo". Conforme o articulista, o "gnóstico bronco" entraria na lista dos grandes "aleijões de todas as sociedades", apesar de ser "inferior ao mais insignificante dos seres que a constituem". Portanto, Antônio Conselheiro era um exemplo concreto de anacronismo.[131]

Na reportagem de 1º de setembro, escrita em Queimadas, Euclides destacou que a influência do Conselheiro era mais ampla do que supunha. No mesmo texto, esboçou as ideias segundo as quais o sertanejo era forte e constituía o "cerne da nossa nacionalidade".

> O homem do sertão tem, como é de prever, uma capacidade de resistência prodigiosa e uma organização potente que impressiona. Não o vi ainda exausto pela luta, conheço-o já, porém, agora em plena exuberância da vida. Dificilmente se encontra um espécime igual de robustez soberana e energia indômita.[132]

Por outro lado, no texto de 26 de setembro, já em Canudos, o correspondente desconfiou do possível auxílio de forças externas aos conselheiristas: "Não nos iludamos. Há em toda esta luta uma feição misteriosa que deve ser desvendada". No dia seguinte, retornando ao mesmo tema, afirmou: "São inegavelmente projéteis de armas modernas que não possuímos [...] Sou levado a acreditar que tem raízes fundas esta conflagração lamentável dos sertões".[133] O tom da reportagem do dia 28 foi o mesmo. Mais uma vez, Euclides da Cunha comentou sobre a resistência do "incompreensível e bárbaro inimigo" e questionou a situação de Antônio Conselheiro: "Fora morto por algum estilhaço de granada? Sacrificado pelos seus próprios sequazes desesperados ante os insucessos sucessivos dos últimos dias? E o que fazer se o trágico evangelizador se rendesse confiando na generosidade do vencedor?".[134] Essa é a última reportagem na qual o correspondente de *O Estado de S. Paulo* referiu-se a Antônio Conselheiro.

---

[131] *Ibid.*, p. 49-51.
[132] *Ibid.*, p. 64.
[133] *Ibid.*, p. 94-101.
[134] *Ibid.*, p. 103-105.

Na reportagem de 29 de setembro, Euclides relatou o seu passeio pelas ruas de Canudos, na companhia dos generais Arthur Oscar e Carlos Eugênio e do tenente-coronel Menezes. Esse fato gerou muitas discussões entre os biógrafos do autor de *Os sertões*, pois, para alguns deles, o escritor não se encontrava mais no local da guerra durante o referido dia.[135]

Canudos: diário de uma expedição, como outros escritos euclidianos, é marcado pela contradição. Além dos desacordos nas informações, existem mudanças de ponto de vista que variaram consideravelmente, passando da legitimação da violência contra Canudos até o reconhecimento das qualidades do inimigo. No diário, emerge um Conselheiro ainda pouco conhecido pelo enviado de *O Estado de S. Paulo*, por isso o autor recorreu a diversas fontes.

Os jornais constituíram-se em uma das principais referências textuais utilizadas por Euclides da Cunha nas pesquisas sobre a Guerra de Canudos. O correspondente reproduziu as representações do beato construídas pela imprensa da época, principalmente a do fanático. No mais, as páginas do diário estão contaminadas com a tese segundo a qual Canudos era um foco da conspiração monarquista. Por outro lado, com o maior conhecimento dos fatos, o correspondente abandonou a ideia preconcebida, passando a vislumbrar a guerra a partir de um prisma mais coerente.

As informações recolhidas pelo escritor durante a viagem à Bahia contribuíram significativamente para a construção do Antônio Conselheiro que despontou em *Os sertões*. No "livro vingador", o personagem euclidiano preservou muitas das antigas representações, mas experimentou várias reelaborações que transformaram o beato em um protagonista complexo, que transcende o arquétipo do mero fanático. Desse modo: "Sem a descrição fascinada de Euclides, talvez o Conselheiro não passasse de mais um pálido mártir".[136]

Como explicou Mario Cesar de Carvalho, o Conselheiro de *Os sertões*, além de uma criação literária seria uma projeção psicanalítica do próprio Euclides da Cunha, uma projeção dos seus piores fantasmas.

> O personagem que aparece em *Os Sertões* como um fanático religioso desafiando a nova ordem da República seria

---

[135] Sobre a polêmica da presença de Euclides da Cunha em Canudos ver: VILLA, 1995, p. 248-252; SILVA, José Calasans. **Cartografia de Canudos**. Salvador: Secretaria da Cultura e Turismo, Conselho Estadual de Cultura: Empresa Gráfica da Bahia, 1997. p. 166-178.

[136] VENTURA, Roberto. **Retrato interrompido da vida de Euclides da Cunha**: esboço biográfico, 2003. p. 15.

uma projeção de Euclides ao ver os descaminhos do novo regime que apoiara. [...]. O desmonte que Roberto promove na imagem do Conselheiro implica, ao mesmo tempo, o desmonte da imagem de Euclides. O fanático que acabou se transformando em personagem histórico é uma construção literária do escritor.[137]

Em outras palavras, as representações que Euclides da Cunha conferiu a Conselheiro, em *Os sertões* transformam-no em personagem complexo, exaustivamente estudado e ressignificado por intermédio das mais variadas produções textuais.

1.6 REPRESENTAÇÕES DE CONSELHEIRO EM *OS SERTÕES*

Em virtude de um ataque de hemoptise, o correspondente de guerra não assistiu ao assalto final que culminou na morte dos últimos defensores de Canudos, em 5 de outubro de 1897. Após desembarcar em São Paulo e pedir licença do posto na Superintendência de Obras Públicas, começou a rascunhar uma parte de *Os sertões*, publicada em *O Estado de S. Paulo* em janeiro de 1898, sob o título de "Excerto de um livro inédito". Somente dois anos depois, o jornal voltou a divulgar outro pequeno trecho do livro em preparação. No final de 1900, *O Estado de S. Paulo* publicou três artigos de Euclides sobre as secas do norte, posteriormente incorporados ao "livro vingador". Contudo não existe nesses artigos nenhuma referência a *Os sertões* e ao contrato assinado entre o autor e o periódico para a publicação do livro.[138]

Como quase todo o assunto que envolve Euclides da Cunha, existem controvérsias e polêmicas também no que diz respeito à produção do livro. Alguns biógrafos e estudiosos, como Olímpio de Sousa e Francisco Venâncio Filho, afirmam que o autor escreveu o livro ao mesmo tempo em que reconstruía uma ponte em São José do Rio Pardo, ou seja, no período entre 1898 e 1901. Já Roberto Ventura e Marco Antônio Villa defendem a tese de que em 1900, a primeira versão da obra já estava pronta. De qualquer modo, Euclides financiou a impressão de 1.200 exemplares do seu livro, pagando a quantia de um conto e quinhentos mil reis. Apesar de

---

[137] *Ibid.*, p. 14.
[138] VILLA, 1995, p. 261.

contrariar a vontade do engenheiro-escritor, *Os sertões* foi lançado em 2 dezembro de 1902, causando grande repercussão no mundo das letras.[139]

A obra foi dividida em três partes ("A Terra", "O Homem" e "A Luta"), a partir do esquema determinista de Hippolyte Taine (1828-1893): meio físico, raça e momento histórico. Como mostrou Raimundo Nonato Pereira Moreira, Taine foi importante para Euclides da Cunha não apenas pelo seu modelo de interpretação histórica – um tipo de história total que conferiu ao texto mais autoridade – mas também pelo seu ingresso nos estudos de psicologia das multidões.[140]

O livro também recebeu as influências de teóricos como Ludwig Gumplowicz (1839-1909) e Nina Rodrigues. Na primeira parte, "A Terra", Euclides descreveu as características do solo, da fauna, da flora, do clima e do relevo dos sertões, analisando as secas, objetivando oferecer as bases para explicar por que o homem configurava-se como um produto do meio. Segundo Leopoldo M. Bernucci, "A Terra" também é importante como "matriz geradora de núcleos narrativos a serem desenvolvidos nas duas partes ulteriores 'O Homem' e 'A Luta'".[141]

Em "O Homem", antes de apresentar a biografia de Antônio Conselheiro, analisando-o como elemento representativo dos homens e do ambiente do sertão, o autor dissertou sobre a formação do povo do Norte brasileiro, explicando a formação dos sertanejos e dos seus costumes. Finalmente, na última parte do livro, "A Luta", encontramos páginas marcadas por uma narrativa mais factual, relatando as várias nuances da guerra, as batalhas, os principais acontecimentos, os erros táticos do Exército, a coragem dos jagunços etc.

> Enfim, trata-se de um livro-síntese de temas, pontos de vista, métodos de pesquisa e ideologias, quase uma enciclopédia do sertão, que digere todo tipo de texto anterior sobre o assunto, obra polissêmica, por isso mesmo sugestiva, instigadora da imaginação do leitor que se sente convidado pelo sem-número de reticências a continuar o trabalho do autor. Este expõe com a maior clareza a sua falta de clareza, radicaliza suas hesitações e contradições, exacerba os paradoxos. *Os sertões* são muitos livros em um só.[142]

---

[139] VENTURA, 2003, p. 193-195.

[140] MOREIRA, Raimundo N. P. **E Canudos era a vendeia**: o imaginário da Revolução Francesa na construção narrativa de Os Sertões. São Paulo: Annablume, 2009. p. 262-263.

[141] CUNHA, 1982, p. 16.

[142] ZILLY, Berthold. A guerra como espetáculo: a história encenada em Os Sertões. **Revista História, Ciências, Saúde**, Manguinhos, v. 5, suplemento, p. 13-37, jul. 1998.

Em *Os sertões*, o líder do arraial aparece com mais ênfase na segunda parte da obra. Depois do estudo sobre a formação do jagunço e do sertanejo, Euclides esboçou a biografia do Conselheiro, desenvolvendo com maior destaque o papel de historiador. Segundo Moreira, a faceta do Euclides historiador pode ser analisada em três dimensões: "biógrafo de Conselheiro, historiador tradicional e testemunha do crime da nacionalidade".[143] Esse aspecto revela-se importante no conjunto dos textos euclidianos sobre Canudos, principalmente se considerarmos a intenção de Euclides da Cunha em querer desvendar a personalidade de Conselheiro.

Logo no começo da análise, o autor desenvolveu a tese de que o Conselheiro seria "um documento vivo de atavismo". Como argumento inicial, o engenheiro-escritor utilizou aspectos da análise geológica para aplicar ao entendimento a respeito do beato. Dessa maneira, da mesma forma que "[...] as várias estratificações rochosas e as suas diferentes posições, sejam contíguas ou superpostas, ajudam o geólogo a deduzir sobre a existência e idade de montanhas em épocas remotas [...]", podemos compreender como Antônio Conselheiro, uma figura fora dos padrões da modernidade, conseguiu aparecer na História.[144]

A partir de tal premissa, o líder de Canudos somente poderia ser compreendido, do ponto de vista histórico, considerando-se o estudo da psicologia da sociedade em que ele foi criado. O ensaísta afirmou que ao mesmo tempo em que Conselheiro perdia-se na turba de nevróticos, era uma "diátese e síntese", ou seja, representante do contexto social e psicológico em que vivia. Portanto o autor de *Os sertões* continuou apresentando uma análise que oscilava entre chamar a atenção para o estudo do indivíduo e, ao mesmo tempo, reafirmar a necessidade da investigação sobre a coletividade em que ele estava inserido.[145]

Segundo Euclides, Antônio Conselheiro era um indivíduo insignificante quando imerso na multidão de sua realidade social e que "veio [...] bater de encontro a uma civilização, indo para a História como poderia ter ido para o hospício". Mas, por outro lado, o peregrino era também uma personagem relevante quando se reduzia a escala de análise para um estudo mais individual. Em outras palavras, o escritor concluiu afirmando a dificuldade em demarcar precisamente as fronteiras que separavam

---

[143] MOREIRA, 2009, p. 242.
[144] CUNHA, Euclides da. **Os sertões**. Edição Crítica de Walnice Galvão. 2ed. São Paulo: Ática. 1996. p. 251-252.
[145] CUNHA, 1982, p. 114-115.

as tendências pessoais e as coletivas: "A vida resumida do homem é um capítulo instantâneo da vida de sua sociedade".[146]

Moreira comentou que um dos grandes desafios do Euclides historiador foi elaborar a biografia do Conselheiro. Como já destacado no presente livro, desde as reportagens escritas na Bahia, o autor de *Os sertões* concebeu o beato como uma figura histórica repleta de contradições, avaliando-o depreciativamente a partir dos seus preconceitos.[147]

Assim como Nina Rodrigues, Euclides da Cunha classificou a vida de Conselheiro em fases resultantes de um "mal social gravíssimo". Apontou no místico uma anomalia, um delírio, que não avançou para um estado de demência, evoluindo, contudo para uma doença grave, responsável pela transformação de Antônio Vicente Mendes Maciel em "documento raro de atavismo", indivíduo que teria retornado ao estado mental dos ancestrais, um anacronismo ambulante.[148]

Euclides complementou a ideia descrevendo o líder de Belo Monte como um "gnóstico bronco", que é, ao mesmo tempo, uma crítica ao saber médico e um empréstimo "forçado" das ideias de Ernest Renan (1823-1892). Segundo Peter Elmore, na tentativa de compreender e expandir a figura do "asceta de Canudos", Euclides da Cunha buscou livrar o Conselheiro das amarras do mistério e do desconhecido, empreendendo uma sistemática pesquisa da sua biografia, doutrina, costumes e lendas.[149]

De acordo com Euclides, o indivíduo que sacudiu os sertões congregaria dentro de seu sistema de crenças uma conciliação entre religiões, transformando-se, desse modo, em um místico que, vivendo no século XIX, tinha a mentalidade enquadrada aos moldes dos ermitões dos primeiros dias da Igreja. Portanto o engenheiro-escritor foi taxativo quando afirmou que assim como o historiador não poderia classificar o beato simplesmente como "um desequilibrado", o antropólogo "indicaria como fenômeno de incompatibilidade com as exigências superiores da civilização", discordando, em parte, do discurso médico que atribuía ao Conselheiro o rótulo de portador de alguma anomalia psicológica.[150]

---

[146] *Ibid.*, p. 114-115.
[147] MOREIRA, 2009, p. 243.
[148] CUNHA, 1982, p. 114-115.
[149] ELMORE, 2008, p. 91-92.
[150] MOREIRA, 2009, p. 114.

Como explica Elmore, um obstáculo enfrentado por Euclides da Cunha na tentativa de construir a biografia de Antônio Conselheiro foi classificá-lo com base nos pressupostos da psiquiatria – o que explica as imagens contraditórias sobre o beato cearense encontradas em uma mesma página ou uma mesma seção.[151]

Outro argumento utilizado por Euclides para explicar Antônio Conselheiro foi a retomada da expressão "grande homem pelo avesso". Para o autor de *Os sertões*, o profeta era um resumo completo de todas as mazelas do meio em que vivia, representando a vida social do sertanejo de forma totalizante: "Espécie de grande homem pelo avesso, Antônio Conselheiro reunia no misticismo doentio todos os erros e superstições que formam o coeficiente de redução de nossa nacionalidade".[152] Influenciado por Thomas Carlyle (1795-1881), principalmente por sua obra, *On heroes* (1841), Euclides da Cunha passou a enxergar o Conselheiro como uma personagem que poderia figurar na galeria dos heróis, assim como Maomé.[153]

Assim como outros homens de letras e de ciência que escreveram sobre o Conselheiro, Euclides baseou-se nos escritos de João Brígido para descrever o histórico da família do peregrino, enfatizando os acontecimentos relacionados à famosa disputa entre os Araújos e os Maciéis. Em seguida, delineou os traços da biografia de Antônio Vicente Mendes Maciel. A princípio, explicou que a boa educação recebida afastou-o do turbulento histórico familiar, mas a vida começou a ganhar contornos de dramaticidade quando Antônio casou-se com uma prima. Depois de uma vida profissional movimentada, ocupando vários empregos em cidades diferentes, recebeu a trágica notícia da fuga da sua esposa com um soldado. O evento selou, de uma vez por todas, o falecimento de Antônio Maciel e o nascimento de Antônio Conselheiro. O líder de Belo Monte foi descrito por Euclides da Cunha como um sujeito reservado e tímido, mas que exercia grande influência sobre o povo sertanejo, tornando-se, com o tempo, "árbitro incondicional de todas as divergências e brigas, conselheiro predileto em todas as decisões".[154]

Por conta do crescimento da influência do Conselheiro nos sertões, o autor chamou a atenção para o caráter romanesco assumido pela figura

---

[151] ELMORE, 2008, p. 93-94.
[152] CUNHA, 1982, p. 133.
[153] MOREIRA, 2009, p. 246.
[154] CUNHA, 1982 p. 123.

do beato cearense, status alcançado graças ao poder criativo da imaginação popular que lhe atribuiu a autoria de vários milagres, gerou lendas e mitos. Euclides citou algumas dessas histórias fantásticas: como o pretenso homicídio da mãe de Antônio Maciel; o incrível levantamento da pesada tora de madeira para a construção da Igreja nova de Belo Monte; e as lágrimas de sangue derramadas pela Virgem Santíssima em Monte Santo. No primeiro caso, o escritor fez questão de reconhecer o caráter mítico da história, já os outros foram creditados à imaginação popular.[155]

Outro comentário euclidiano sobre Antônio Conselheiro diz respeito à oratória do religioso, descrita como "bárbara e arrepiadora [...] misto inextricável e confuso de conselhos dogmáticos, preceitos vulgares de moral cristã e de profecias esdrúxulas...".[156] Essa capacidade argumentativa, juntamente à vida devotada a uma moral cristã peculiar, combinava sacrifícios diários, rejeição a todos os símbolos da vaidade, aversão ao Anticristo, além da certeza da proximidade do fim do mundo, tornava o beato "um heresiarca do século II em plena Idade Moderna". Na verdade, a ideia do Conselheiro como um anacronismo ambulante perpassa a construção da personagem nas páginas de *Os sertões*.

Partindo da análise das profecias presentes em alguns cadernos encontrados em Canudos, Euclides da Cunha destacou que o "santo endemoninhado" era um místico que entendia estarem os inimigos da fé representados pela República e pelos seus apoiadores. Nas páginas de *Os sertões*, o escritor abandonou a ideia de que Canudos constituía um arquitetado projeto político monarquista para levar a derrocada da República e elegeu outra versão para o conflito, centrada no embate entre a civilização e a barbárie.

> Pregava contra a República, é certo.
>
> O Antagonismo era inevitável. Era um derivativo à exacerbação mística; uma variante forçada ao delírio religioso.
>
> Mas não traduzia o mais pálido intuito político: o jagunço é tão inapto para aprender a forma republicana como a monárquica institucional.
>
> Ambas lhe são abstrações inacessíveis. É espontaneamente adversário de ambas. Está na fase evolutiva em que só é conceptível o império de um chefe sacerdotal ou guerreiro.

---

[155] CUNHA, 1982 p. 124-125.
[156] CUNHA, 1982, p. 127

> Insistamos sobre essa verdade: a guerra de Canudos foi um refluxo em nossa história. Tivemos, inopinadamente, ressurreta em armas em nossa frente, uma sociedade velha, uma sociedade morta, galvanizada por um doido. Não a conhecemos. Não podíamos conhecê-la. [...].
>
> Porque essas psicoses epidêmicas despontam em todos os lugares como anacronismos palmares, contrastes inevitáveis na evolução desigual dos povos, patentes sobretudo quando um largo movimento civilizador lhes impele vigorosamente as camadas superiores.[157]

Assim, a principal luta travada nos sertões baianos era a da civilização contra o atraso representado pelos sertanejos e o seu meio. Como já mostrei, Euclides utilizou diversos estudos para a construção da narrativa de *Os sertões*, a exemplos dos trabalhos de Gumplowicz, Nina Rodrigues e Taine. Ademais, o engenheiro-letrado baseou-se amplamente em *O Brasil mental*, de José Sampaio Bruno, e em *Histoire des origenes du Christianisme*, de Ernest Renan, para produzir "O Homem" e enriquecer as teses sobre Antônio Conselheiro.[158]

Autores como José A. Bastos, Flávio J. Costa e Frederic Amory destacaram as influências exercidas por Nina Rodrigues nas concepções euclidianas. Se a leitura de *Educação*, de Spencer, contribuiu para o princípio da união entre ciência e arte, ou, ainda, a obra de Renan auxiliou na composição de Conselheiro como "heresiarca cristão do final da Antiguidade", o médico maranhense influenciou Euclides em relação à tese que enquadrou o líder de Belo Monte como "um documento vivo de atavismo".[159]

Os sertões encerra-se com uma frase brilhante e irônica: "É que ainda não existe um Maudsley para as loucuras e os crimes das nacionalidades...". No tópico anterior, Euclides relatou os detalhes da descoberta do corpo de Conselheiro e o estado em que se encontrava: "[...] repousando sobre uma esteira velha, de tábua [...] Envolto no velho hábito azul de brim americano, mãos cruzadas ao peito, rosto tumefacto e esquálido, olhos fundos cheios de terra [...]". O corpo também foi fotografado para comprovar que, enfim, "o maior inimigo da nação" estava morto. "Trouxeram depois para o litoral, onde deliravam multidões em festa, aquele

---

[157] CUNHA, 1982., p. 152.
[158] AMORY, Frederic. Os sertões: temas e fontes. *In:* AMORY, Frederic. **Euclides da Cunha**: uma odisseia nos trópicos. São Paulo: Ateliê Editorial, 2009, p. 166-168.
[159] *Ibid.*, p. 178-180.

crânio. Que a ciência dissesse a última palavra. Ali estavam, no relevo de circunvoluções expressivas, as linhas essenciais do crime e da loucura...".[160]

Para além do caráter irônico das últimas palavras de Euclides da Cunha, os epítetos "crime" e "loucura" resumem algumas das representações mais difundidas sobre o Conselheiro desde a sua primeira aparição na imprensa. A descrição euclidiana do peregrino também se referiu à famosa indumentária da personagem: o camisolão azul. Enfim, podemos concluir que a descrição do aspecto físico do beato e das suas roupas apareceu tanto nos textos jornalísticos quanto nos literários, acompanhando a história das representações da personagem – desde *O Rabudo* até as últimas linhas de *Os sertões*. Na vida ou na morte, a imagem do profeta vestindo o camisolão azul acompanhá-lo-ia para sempre.

Concordo com a ideia esboçada por Roberto Ventura de que o Conselheiro de *Os sertões* é uma personagem literária criada por Euclides da Cunha. Sem dúvida, essa invenção fez-se com base em vários autores, de diferentes orientações teóricas, em um período de cinco anos. Nesse lapso de tempo, o escritor reformulou várias das ideias iniciais sobre Canudos e o seu líder. Contudo, apesar das rupturas, o Conselheiro descrito pela pena de Euclides permaneceu como um fanático anacrônico perdido no sertão nordestino.

Para escrever *Os sertões*, Euclides reuniu quantidade razoável de informações a respeito de Antônio Conselheiro, provenientes de jornais, relatórios, depoimentos orais, documentos oficiais, versos da poesia popular, dentre outras fontes. A variedade dos registros parece ter impressionado e, ao mesmo tempo, instigado o escritor a mergulhar fundo no conhecimento sobre o misterioso andarilho sertanejo. Se, em *A nossa Vendeia*, o jornalista não conhecia a realidade dos acontecimentos e interpretou o Conselheiro como um fanático monarquista, em *Os sertões* ampliou a visão do fenômeno, abandonando a tese do monarquismo de Canudos, contudo mantendo a percepção do beato como um fanático.

Apesar da força e da expressividade da narrativa de *Os sertões*, não podemos afirmar com veemência que se não fosse por causa da versão euclidiana, Conselheiro e Canudos apagar-se-iam da memória político-social brasileira. Como demonstrado, Canudos foi um dos assuntos mais difundidos e debatidos na última década do século XIX, e acabou se tornando um tema riquíssimo, servindo de inspiração para a publicação

---
[160] *Ibid.*, p. 433.

de diversas obras, dos mais diferenciados estilos. Porém acredito que se não existisse a personagem literária do Antônio Conselheiro, criada por Euclides da Cunha, provavelmente o profeta não seria objeto de tantas investigações ao longo do século XX.

O autor de *Os sertões*, sem dúvida, foi um dos poucos que escreveram sobre o peregrino que não o enxergava como uma figura histórica pronta e acabada, reconhecendo que as várias versões existentes eram importantes para a construção de uma personagem tão complexa.

> As oscilações euclidianas no tocante a história de vida do líder religioso, atestam, de maneira contundente, as dificuldades enfrentadas para avaliar o significado histórico daquele homem obscuro, até então encarado como inimigo, por excelência, da República. Se, no conjunto das reportagens, Euclides não logrou atingir uma postura equilibrada frente ao espectro do profeta sertanejo, essas contradições foram transpostas e redimensionadas no texto de *Os sertões*.[161]

Como pudermos perceber, Antônio Conselheiro representou para Euclides da Cunha um grande desafio literário e narrativo no conjunto da escrita dos seus textos sobre Canudos. Desde as reportagens para *O Estado de S. Paulo* até *Os sertões*, Antônio Conselheiro representou um misto de admiração e repúdio e por isso as imagens expostas sobre ele são repletas de contradições e mudanças de concepções.[162]

---

[161] MOREIRA, 2009, p. 243.
[162] *Ibid.*, p. 243; ELMORE, 2008, p. 97.

2

LA GUERRA DEL FIN DEL MUNDO: ESCRITA E REELABORAÇÃO DE ANTÔNIO CONSELHEIRO

> *Dois personagens, em especial, se apoderaram de mim com uma força mágica, exigindo – e acreditem, por favor, que esse verbo não é usado aqui no sentido metafórico – que eu os reinventasse, colocando-os como protagonistas em um romance: Euclides da Cunha e Antônio Vicente Mendes Maciel, mais conhecido como Antônio Conselheiro. É deles que vou lhes falar. Mas não como os historiadores dos seres de carne e osso por eles resgatados de seus feitos do passado, e sim como falamos de Cervantes ou de Joana D'Arc, figuras que, embora tenham existido na realidade, vivem agora, para nós, como mitos, graças à aura legendaria que as envolve graças as suas façanhas, urdidas com imaginação e sua prosa ou com sua coragem, gestos e ousadias.*
>
> *Não sei se eles foram realmente assim, e pouco me importa. Mas é assim que os senti, sonhei e captei, mergulhando na literatura sobre Canudos, e assim os recriei, depois, em meu romance, acrescentando neles os meus próprios sonhos e obsessões, como sempre faço quando escrevo.*
>
> (Mario Vargas Llosa, 1997).

2.1 REELABORAÇÃO DA HISTÓRIA DA GUERRA DE CANUDOS: NOTAS SOBRE A PRODUÇÃO DE *LA GUERRA DEL FIN DEL MUNDO*

Oitenta anos após a publicação de *Os sertões*, Mario Vargas Llosa, um dos mais notáveis literatos do mundo, lançou, em Barcelona, um romance com o qual pretendia ser uma reelaboração do clássico de Euclides da Cunha. Desse modo, *La guerra del fin del mundo* – que começou a ser pensado em meados da década 1970 – configurou-se como o primeiro romance do escritor peruano em que o contexto e as personagens situavam-se para além da realidade do Peru, interrompendo o fio condutor de escrita de obras baseadas em fatos familiares, na realidade do país natal ou nas próprias experiências do autor. Vargas Llosa enfrentou nessa empreitada muitos desafios literários, historiográficos e políticos, pois escrever sobre um tema tão caro à história brasileira foi uma tarefa árdua e bastante complexa.

Na construção de *La guerra del fim del mundo*, uma das maiores dificuldades foi recontar uma história que já havia sido narrada várias vezes e de diversas maneiras. Contudo, essa nova tarefa tinha um significado especial para o romancista peruano: escrever uma novela que já planejara desde o início da sua empreitada como escritor: "Um romance de aventuras, em que a aventura fosse o principal – não a aventura puramente imaginária, mas com raízes muito fortes numa problemática histórica e social".[163]

No início da década de 1970 – depois da publicação de alguns romances e contos, ainda sobre a influência das ideias da esquerda como *Los Jefes* (1959), *La cuidad e y los perros* (1963), *La casa verde* (1966) e *Conversación en la Catedral* (1969) –, Vargas Llosa foi convidado pela Paramount de Paris para ser roteirista de um filme que seria dirigido pelo cineasta moçambicano Ruy Guerra (1931-) – um dos grandes expoentes do Cinema Novo – sobre algo que tivesse ligação com a Guerra de Canudos, ocorrida no sertão da Bahia no final do século XIX, porém, até aquele momento, desconhecida pelo escritor peruano.

O filme acabou não se concretizando, apesar de ter uma pré-produção bem encaminhada, inclusive com a decisão sobre o local das filmagens, que teriam como cenário a República Dominicana. Leopoldo Bernucci chamou atenção para o interessante caminho trilhado por *La guerra del fin del mundo*: nasceu de um roteiro cinematográfico e se transformou, depois, em um romance, quando o comum é, geralmente, acontecer o inverso.[164]

Analisando os manuscritos de *La guerra del fin del mundo*, Bernucci explicou as várias transformações que o romance sofreu no longo processo de gestação. Inicialmente, o filme seria intitulado *El rastro del escorpión*, mas a primeira versão resumida, contendo 82 páginas soltas, foi denominada *La guerra del Canudos*. Em seguida, a versão foi ampliada para 225 páginas encadernadas. Depois, Vargas Llosa elaborou uma segunda versão, corrigida em 1974 e que ganhou novo título: *Los perros de la guerra*. Finalmente, escreveu a terceira e última versão, contendo 163 páginas, denominada *Los perros del inferno*. Nesses manuscritos – encontrados na Universidade de Princeton, na Seção de Livros Raros, Coleção "Mario

---

[163] SETTI, Ricardo A. **Conversas com Vargas Llosa**. São Paulo: Brasiliense, 1986, p. 37.

[164] BERNUCCI, Leopoldo M. **Historia de un malentendido**: un estudio transtextual de la guerra del fin del mundo de Mario Vargas Llosa. New York: Lang, 1989. p. 4.

Vargas Llosa" – Bernucci encontrou vários elementos que estariam no futuro romance de Vargas Llosa.[165]

Partindo desse material e complementando com uma vasta literatura sobre o tema, Vargas Llosa estudou a fundo o tema e, em 1977, começou de fato a escrever o romance que só terminaria quatro anos depois. O romance sobre Canudos e Conselheiro foi escrito basicamente em Londres, Cambridge e Washington. Completamente "enfeitiçado" pela Guerra de Canudos e pela leitura de *Os sertões*, o romancista peruano continuou pesquisando e estudando sobre o tema para escrever um romance baseado no conflito que, ao longo dos anos, sofreu várias interpretações, de diferenciados grupos e indivíduos. A partir dos primeiros contatos com o monumento da literatura brasileira, Vargas Llosa passou a considerar Euclides da Cunha como um dos maiores narradores do nosso continente. Até 1972, segundo conta o próprio Vargas Llosa, nunca havia pensado em escrever romance ou história que não se ambientasse no seu país natal.[166]

Segundo o próprio Vargas Llosa, a leitura da obra euclidiana provocou uma grande emoção – somente comparada aos contatos com *Os três mosqueteiros*, na infância, ou *Guerra e paz* e *Madame Bovary*, já na fase adulta. Conforme o literato peruano, em *Os sertões* estava explícita uma síntese da história da América Latina:

> É como um manual de latino-americanismo, quer dizer neste livro se descobre primeiro o que não é América Latina. A América Latina não é tudo aquilo que nós importávamos. Não é tampouco a Europa, não é a África, nem é a América pré-hispânica ou as comunidades indígenas, e ao mesmo tempo é tudo isso mesclado convivendo de uma maneira muito áspera e difícil, às vezes violenta. E de tudo isso resultou algo que muitos poucos livros antes de *Os Sertões* haviam mostrado com tanta inteligência e brilho literário.[167]

Canudos é visto por Vargas Llosa como um laboratório da história da América Latina, um microcosmo que mostrou as mazelas que atingiam, em maior ou menor grau, não apenas no Brasil do final do século XIX, mas em toda a América Latina. Para o romancista peruano: "Poucos livros, em nossa história, mostraram como *Os Sertões*, essa estranha, sutil metamor-

---

[165] Ibid., p. 4.
[166] LLOSA, Mario Vargas. A guerra de Canudos: história e ficção. In: **Sabres e utopias**: visões da América Latina. Rio de Janeiro: Objetiva, 2010. p. 128.
[167] SETTI, 1986, p. 39.

fose sofrida pelo europeu ao se combinar com o autóctone – homem, cultura e paisagem – para produzir uma especificidade latino-americana".[168]

Segundo o escritor andino, um dos pontos nevrálgicos da nossa existência, enquanto americanos, está relacionado às questões referentes ao fanatismo e à intolerância. Para Vargas Llosa, ao longo da sua história, o continente americano nunca soube lidar bem com as divergências existentes entre as diferentes culturas ou ideologias que convivem em um mesmo território. Essas divergências, em muitos momentos, geraram distorções na visão da realidade.

> A tragédia da América Latina é que nossos países, em diferentes momentos de nossa história, se viram divididos e lançados em guerras civis, repressões maciças ou mesmo matanças, como a de Canudos, por cegueiras recíprocas parecidas. Mas evidentemente o fenômeno é geral. Basicamente é o fenômeno do fanatismo e da intolerância que pesa sobre nossa história. Em alguns casos, eram rebeldes messiânicos; em outros, eram rebeldes utópicos ou socialistas; em outros ainda, lutas entre conservadores e liberais. E se não era a mão da Inglaterra, era a do imperialismo ianque, ou a dos maçons, ou a do diabo. Nossa história está manchada dessa incapacidade de aceitar divergências.[169]

A visão deturpada da realidade teria afetado tanto os sertanejos seguidores de Antônio Conselheiro como os republicanos, incluindo o autor de *Os sertões*. De acordo com Mario Vargas Llosa, o preconceito ideológico de Euclides da Cunha não foi uma exclusividade sua ou apenas dos intelectuais do litoral, mas uma anomalia generalizada (um mal-entendido) que afetou todas as partes envolvidas no conflito. Canudos foi um fato que causou muita repercussão na época e gerou uma série de explicações errôneas devido, justamente, às concepções ideológicas das forças envolvidas no combate.

Se no ensaio *A nossa Vendeia*, Euclides da Cunha, influenciado pelo pensamento dominante da época, interpretou Canudos como um movimento que se insurgiu contra o governo republicano, através de um plano maquinado pelos restauradores monarquistas, nas páginas de *Os sertões*, o engenheiro-escritor mudou o enfoque original "ao comprovar que os fatos objetivos faziam esboroar as suas convicções políticas". Não obstante, o

---

[168] LLOSA, Mario Vargas. *op. cit.*, p. 132.
[169] SETTI, 1986, p. 45.

literato peruano considerou que Euclides da Cunha não conseguiu explicar Canudos e toda a sua complexidade. O grande mérito do "livro vingador" foi indicar algo que o autor "não podia imaginar: mostrar o que é e o que não é América Latina".[170]

Outra influência importante exercida pelo clássico euclidiano, sobre Vargas Llosa foi a possiblidade de escrita de um "romance total" – sua grande obsessão enquanto literato.

> *Os Sertões* é antes de mais nada, um exame de consciência e uma implacável autópsia histórica, um esforço gigantesco para, rasgando os vários véus que a desfiguravam, entender as raízes da tragédia representada por aquela guerra civil. [...]. Apelando a todos os conhecimentos ao seu alcance, à sua própria memória, a testemunhos escritos e orais e, obviamente, à sua própria imaginação, Euclides reescreve Canudos de uma maneira que aspira a onisciência, procurando não deixar de lado nenhum dos inumeráveis fatores que interferem no processo histórico e que sempre conferem a este extrema complexidade.[171]

Como podemos perceber, Vargas Llosa enxergou em *Os sertões* a obra totalizadora que tanto admirava. Esse "livro-monstro" da história americana, apesar de não se enquadrar no modelo de romance, utilizou todos os conhecimentos possíveis para explicar Canudos.

> *Os Sertões* não é um romance, mas um ensaio sociológico, e nada teria ferido mais Euclides do que considerar uma ficção, como ainda fazem alguns leitores mais apressados do livro, essa obra na qual trabalhou tão arduamente para explicar cientificamente a Guerra de Canudos. Dentro do racionalismo positivista em que se formou, ele acreditava na efetividade desse esforço: fazer uma autópsia da realidade social com a ajuda de todas as disciplinas ao seu alcance – a geografia, a geologia, a história, a psicologia – até extrair dela um saber definitivo sobre os comportamentos coletivos e individuais.[172]

De acordo com Bernucci, na obra *Historia de un deicídio* – resultado de sua tese de doutorado sobre a obra de Gabriel García Marquez, *Cien años de soledad* –, Vargas Llosa pôde refletir de maneira mais completa

---
[170] LLOSA, Mario Vargas. **A guerra de Canudos**: história e ficção, 2010. p. 132.
[171] *Ibid.*, p. 132.
[172] *Ibid.*, p. 131.

sobre o conceito de "romance total". Com isso, em *La guerra del fin del mundo*, apesar de seu intento totalizador, o romance sobre a Guerra de Canudos, "Muy calcada en el realismo tan peculiar de Vargas Llosa" não satisfaz os requisitos teóricos impostos pelo próprio autor.[173]

Na estética literária vargasllosiana, faz-se presente a tentativa de recriar grandes painéis da sociedade, herança dos escritores do século XIX, como Honoré de Balzac (1799-1850), Fiódor Dostoiévsky (1821-1881), Liev Tolstói (1828-1910), Gustave Flaubert (1821-1880) e Vitor Hugo (1802-1885). O intento realizou-se em *La guerra del fin del mundo*, pois nessa obra o escritor peruano esboçou um panorama geral do Brasil no final do século XIX, focalizando as realidades tanto do sertão como da capital da Bahia, por meio de cerca de 30 personagens e do recurso à narrativa polifônica. Vargas Llosa enfocou, ainda, as lutas políticas que estavam sendo travadas como pano de fundo da guerra.

Além da presença marcante de *Os sertões*, Leopoldo M. Bernucci elencou uma lista de fontes e hipotextos fundamentais para a construção de *La guerra del fin del mundo*. No vasto conjunto do material consultado, destacam-se livros de historiografia, sociologia, literatura, religião, sociologia e memória. "La reconstrución novelesca de los epísódios de Canudos se funda en la utilización de materiales preponderantemente históricos, periodísticos y documentales que, curiosamente, al ser ficcionalizados no llegan a amenazar la totalidad de la obra".[174]

Da Bíblia, Vargas Llosa extraiu vários elementos para compor o final do romance, bem como as prédicas, as profecias e uma parte considerável da personalidade do Conselheiro, algumas vezes caracterizado no livro como uma espécie de Moisés sertanejo. Essa referência é importante, pois o Conselheiro vargasllosiano aparece na história de *La guerra del fin del mundo* como um imitador dos comportamentos de Cristo.

No calor da hora, de Walnice Nogueira Galvão, também foi de importância capital para o escritor peruano, na medida em que, através da valiosa reunião de periódicos de todo o país, discutiu o caráter contraditório e polêmico da Guerra de Canudos. Na busca por mais informações, Vargas Llosa utilizou ainda os livros *Expedições militares contra Canudos* (1960), de Tristão de Alencar Araripe, *Última expedição a Canudos* (1898), de Dantas Barreto e *Descrição de uma viagem a Canudos* (1899), de Alvim

---

[173] BERNUCCI, 1989, p. 184.
[174] *Ibid.*, p. 12.

Martins Horcades, a fim de evidenciar aspectos negligenciados por outros estudos – a exemplo das castrações e das degolas tanto dos conselheiristas quanto dos soldados.[175]

Na categoria de obras literárias, Bernucci identificou a utilização de vários títulos, desde o romance medieval *Roberto do Diabo* – do qual Vargas Llosa fez uma transposição temática e estilística, imprescindível para a construção das personagens João Grande e João Abade – até obras contemporâneas da guerra, como *Os jagunços* (1898) e *O rei dos jagunços* (1899), esta última considerada pela crítica mais como uma compilação de documentos e relatos. Podem ser enquadradas na lista, ainda, obras de cunho memorialístico, como *Memorial de Vilanova* (1964), de Nertan Macedo (1929).[176]

Em relação ao romance *Os jagunços*, devemos ressaltar sua importância na criação que Vargas Llosa fez sobre o fundador de Belo Monte. Primeiramente escrito como folhetins diários no jornal *Comércio de São Paulo*, entre outubro e novembro de 1897, *Os Jagunços* foi publicado um ano depois da campanha militar. Ele só foi reeditado em 1969,[177] o que explica, em parte, o esquecimento dos estudiosos, durante muitos anos, em relação a esse importante relato. Devemos lembrar que esse romance foi a primeira obra de ficção sobre Canudos e Antônio Conselheiro e um dos textos literários pioneiros no entendimento das representações de Conselheiro, por isso foi capital para Vargas Llosa na escrita de *La guerra del fin del mundo*:

> [...] esta obra se caracteriza por una desusada elaboración del lenguaje y del color locales del nordeste brasileño. Agrega, asimismo a la representación peculiar del modo de vida de los yagunzos, la dimensión social y la perspectiva simpatizante que tiene el narrador de esos individuos. Aquí, Antonio Consejero no es la figura fanática que pintará E. da Cunha más tarde y, por consiguiente, la imagen que tenemos de él es la de un ser paternal y la de un ejemplar líder religioso. Esta configuración en *La guerra del fin del mundo*, especialmente en sus aspectos físicos y psicológicos.[178]

---

[175] *Ibid.*, p. 8-17.
[176] *Ibid.*, p. 8-17.
[177] WEINHARDT, Marilene. Os jagunços ou os tortuosos caminhos da nacionalidade. **Letras**, Curitiba, n. 39, p. 47-62, 1990. p. 49.
[178] BERNUCCI, 1989, p. 13-14.

A versão romanesca de Afonso Arinos conta uma história centrada na vida de Antônio Conselheiro, o beato que através das suas prédicas condenava as leis do novo regime, arrebatando os corações e as mentes sertanejas que largavam tudo para segui-lo, porém, como consequência, é perseguido pelas autoridades republicanas. Nas páginas de *Os jagunços*, Antônio Conselheiro é retratado como um homem calmo, convicto de sua fé e que expressa sua ojeriza ao regime republicano. Essa serenidade do caráter do beato cearense é reforçada com algumas características, como "olhos iluminados" e "cabeça calma e serena".[179]

Na primeira parte do livro, Antônio Vicente Maciel é denominado apenas como "missionário", pregador da lei de Deus e reformador dos costumes. Já na segunda parte, o "missionário" transforma-se em Conselheiro, líder espiritual e chefe político de Belo Monte, cidade por ele fundada para ser o refúgio dos justos: "Agora ele não é mais o simples missionário, o eremita peregrino que vagava pelo sertão bravio, sem outro norte que não a missão divina. Agora, já era o fundador do Bom Conselho, fundador de Belo Monte, o santo enviado de Nosso Senhor, o Bom Jesus, o Conselheiro".[180]

Como podemos perceber, *Os jagunços* foi uma obra fundamental para Vargas Llosa compor vários aspectos de *La guerra del fin del mundo*, inclusive a personalidade de Antônio Conselheiro. Em linhas gerais, esse aspecto diferencia-se essencialmente nas duas obras. Se no livro de Afonso Arinos o Conselheiro ganha status de líder carismático, bonachão e preocupado mais com a situação religiosa e social dos sertanejos do que com seus aspectos morais dos, o Antônio Conselheiro vargasllosiano, com todo o seu fanatismo religioso, seu ar misterioso e sua frugalidade/ascetismo em relação aos costumes, é uma personagem pintada como um moralista exacerbado.

No que diz respeito às fontes da época da guerra, além dos jornais, Vargas Llosa utilizou o *Relatório do Frei João Evangelista de Monte Marciano* (1895) e *Antônio Conselheiro e Canudos* (1974), esta última, obra de Ataliba Nogueira (1901-1983), que reúne, além das prédicas do beato cearense, outros registros fundamentais. Esse material, juntamente às entrevistas realizadas com moradores do interior nordestino, mostraram-se imprescindíveis no entendimento dos sertanejos de Canudos, pois a partir dessas

---

[179] ARINOS, Afonso. **Os jagunços**. Rio de Janeiro: Philobiblion, 1985. p. 41.
[180] *Ibid.*, p. 120.

reminiscências foi possível para o literato andino compreender parte da visão de mundo dos conselheiristas.

Leopoldo M. Bernucci elencou várias outras obras que contribuíram para a construção de *La guerra del fin del mundo*. Alguns livros são clássicos da Sociologia e da História, como *O messianismo no Brasil e no mundo* (1965), de Maria Isaura Pereira de Queiroz (1918-), e *Rebeldes primitivos* (1959), de Eric Hobsbawm (1917-2012). O primeiro esclareceu a Vargas Llosa questões ligadas ao fanatismo religioso, ao passo que o segundo forneceu elementos teóricos para a compreensão do banditismo. O literato andino também usou obras pouco citadas, como *Milagre em Juazeiro* (1976), de Ralph Della Cava.[181]

Financiado pelas instituições norte-americanas *Tinker* e *Wilson Center* (fundações de fomento à pesquisa em várias áreas do conhecimento), Vargas Llosa passou o ano de 1980 na capital norte-americana escrevendo e pesquisando sobre o tema, inclusive tendo acesso a fontes raríssimas, como é o caso de um jornal polêmico no contexto da guerra, *O Jacobino*, localizado na Biblioteca do Congresso, em Washington, com a coleção completa.[182]

No Brasil, entre os meses de agosto e setembro de 1979, na companhia do antropólogo Renato Ferraz (1934-2002), Vargas Llosa percorreu os sertões da Bahia e de Sergipe, procurando refazer o caminho que o Conselheiro teria passado há quase cem anos. O escritor peruano chegou a relatar, na entrevista concedida ao jornal *A Tarde*, que visitou cerca de 25 povoados onde o Conselheiro esteve, realizando diversas entrevistas.

> [...] Você não sabe o que foi para mim chegar ali perto onde foi o cenário da grande batalha da guerra, onde está a cruz que ficava na igreja de Canudos. [...] Você não sabe o que foi para mim chegar ali. Eu estava há dois anos trabalhando nisso, e era como se minha fantasia se estivesse materializando. Até ali, o trabalho de escrever tinha sido angustiante. Mas dali até terminar o livro, que foram mais dois anos, trabalhei com um enorme entusiasmo, dez, doze horas por dia.[183]

Em 6 de setembro do mesmo ano, *A Tarde* publicou uma matéria intitulada "Vargas Llosa poderá lançar na Bahia seu livro sobre Canudos",

---
[181] *Ibid.*, p. 10-11.
[182] SETTI, 1986, p. 41.
[183] *Ibid.*, p. 42-43.

sobre a produção do romance. O artigo explicita que, em 1979, Vargas Llosa já tinha um copião de 900 páginas. De toda sorte, a permanência na Bahia, depois de dois anos de estudos e produção de *La guerra del fin del mundo*, contribuiu muito para lhe dar segurança na redação final da obra.

> De qualquer modo, achei de suma importância vir à Bahia para me integrar no ambiente histórico, físico e social de Canudos. Não que seja um livro histórico, longe disso, mas quero me situar, me sentir seguro quando estiver fazendo a redação final do romance em torno de Antônio Conselheiro.[184]

Na mesma entrevista, afirmou que não desejava escrever um "livro histórico", e mais, que não tinha compromisso com a verdade; antes, a sua intenção era mesmo "inventar", "mentir" – tese que repetiu em todas as entrevistas e intervenções sobre *La guerra del fin del mundo*. Contudo o procedimento metodológico do romancista andino aproximou-se muito do adotado pelos historiadores.

Apesar de até cogitar a publicação da obra na Bahia, como estampado na matéria de *A Tarde*, o livro foi lançado na cidade de Barcelona em 1981, após anos de exaustiva investigação documental, leituras e até visitas aos lugares onde Antônio Conselheiro peregrinou. A obra foi considerada pelo próprio autor como o seu melhor romance e o mais trabalhoso até aquele momento: "É o romance em que eu mais trabalhei, a que mais me dediquei. É um romance que me tomou quatros anos para escrever. [...] Ao mesmo tempo, nunca uma história me apaixonou tanto como *La guerra del fin de mundo*".[185]

Sobre o livro, o jornal *Herald Tribune*, um dos mais influentes da Europa, publicou, em 1981, a seguinte nota, revelando, em parte, a opinião internacional sobre seu trabalho: "É ao mesmo tempo um grande trabalho literário, uma história de aventura e um drama histórico". No lançamento de *La guerra del fin del mundo* no Brasil, em novembro do mesmo ano, a obra de Vargas Llosa foi recebida com muitos louvores, como em uma matéria publicada pela revista *Veja* intitulada "Canudos renasce com A guerra do fim do mundo". A reportagem discutiu, também, a mudança da concepção política do escritor peruano, além de descrever alguns detalhes da linguagem, estilo e enredo do romance que tomou pelo menos quatro

---

[184] *A Tarde*, Salvador, 6 de setembro de 1979.
[185] SETTI, 1986, p. 36.

anos da vida do literato, que procurou debruçar-se sobre documentos históricos e uma centena de trabalhos realizados sobre o tema, assim como enfrentar um dos maiores clássicos da literatura brasileira: *Os sertões*. O "confronto" com o livro que aprendeu a admirar instigou ainda mais o romancista a reescrever um evento muito pesquisado, mas imerso em contradições e variadas interpretações.[186]

Vivendo um momento de maturidade literária e mudança ideológica – distanciamento do marxismo (Sartre e o compromisso da arte com o papel social), e aproximação da ideologia liberal por teóricos como Albert Camus (1913-1960), Isaiah Berlin (1909-1997), Jean-François Revel (1924-2006) e Karl Popper (1902-1994)[187] –, Vargas Llosa escreveu *La guerra del fin del mundo* como uma obra de ficção que, mesmo baseada em evidências históricas, nunca pretendeu ser um livro explicativo ou que traria novos dados acerca do evento.

Além da importância literária e memorialística de seu romance, uma das grandes contribuições do escritor peruano foi tirar Canudos do "regionalismo brasileiro", projetando-o como um fato tipicamente latino-americano. A leitura do clássico euclidiano também possibilitou a Vargas Llosa conhecer um dos personagens mais interessantes e complexos da história brasileira: o célebre Antônio Conselheiro.

2.2 *LA GUERRA DEL FIN DEL MUNDO*: LITERATURA E HISTÓRIA

Como destacamos, para a elaboração de *La guerra del fin del mundo*, Mario Vargas Llosa utilizou um vasto acervo bibliográfico e documental sobre Canudos. A presença desse variado *corpus*, que inclui depoimentos orais, fontes escritas e literárias, evidencia-se um aspecto de fundamental importância para entendermos essa obra: a intertextualidade.[188]

Em estudo pioneiro e fundamental para aqueles procuram fazer uma análise do romance de Vargas Llosa sobre Canudos, Bernucci explica que a intertextualidade está relacionada a outras categorias explicativas que, no geral, fazem parte de uma noção mais ampla: a transtextualidade. Tomando essa noção como ponto de partida – baseado nas ideias do teórico francês Gérard Genette (1930-), expostas em *Palimpsestes* (1982)

---

[186] CANUDOS renasce com "A Guerra do Fim Mundo". **Veja**, São Paulo, n. 688, p. 84-92, 11 nov. 1981.
[187] *Ibid.*, p. 14.
[188] BERNUCCI, 1989, p. 2.

—, além do conceito de intertextualidade, Bernucci elenca outras quatro noções que complementam a ideia de transtextualidade: paratextualidade, hipertextualidade, metatextualidade, arquitextualidade.[189]

Fundamentado nas ideias do intelectual francês, Bernucci entende que a transtextualidade nada mais significa do que ver, por meio de um único texto, a presença de vários outros anteriores. *La guerra del fin del mundo* aparece como um bom exemplo da aplicação do conceito. Utilizando *Os sertões* como a sua principal referência, Vargas Llosa acrescentou outros textos e uma visão enriquecida com quase cem anos de interpretações para criar a sua versão sobre Canudos.

Paratextualidade é outro conceito que se faz necessário conhecer para entendermos *La guerra del fin del mundo*. Desse modo, o paratexto descreve um texto que serve de auxílio ou complemento ao leitor no estudo de um dado texto, uma espécie de mediador entre o leitor e a obra. Essa mediação pode ser feita com vários elementos de um livro, tais como: capas, títulos, epígrafes, prefácios, comentários, índice, bibliografias entre outros.[190]

Dessa forma, percebemos que a relação entre *La guerra del fin del mundo* e *Os sertões* configura-se como um fator perceptível em todos os níveis das relações transtextuais. Seja no título, na figura do Conselheiro presente no frontispício, na dedicatória a "Euclides da Cunha en el outro mundo", na construção da narrativa e das personagens, na pesquisa das fontes, *La guerra del fin del mundo* mostra-se como um romance exemplar para se explorar uma análise das complexas relações envolvendo a produção textual.

Em síntese, as pistas presentes no romance evidenciam a dívida de Vargas Llosa em relação ao texto euclidiano, especialmente no que concerne ao projeto de levar adiante a escrita palimpséstica de Canudos, um texto diversas vezes apagado, escrito e reescrito, ou, ainda, o romance total inacabado.

> [...] o escritor peruano sabe, em sua experiência latino-a-mericana, que o já-lido e o já-escrito podem ser re-lidos e re-escritos. Mas, por outro lado, como sujeito que se sabe cindido, como habitante do mundo fragmentado do fim do século XX, o escritor vive a angústia do previsível fracasso de sua ambição totalizadora em literatura.[191]

---

[189] *Ibid.*, p. xiv.

[190] *Ibid.*, p. 2.

[191] GUTIÉRREZ, Angela. R. M. de. **Vargas Llosa e o romance possível da América Latina**. Fortaleza: Sette Letras, 1996. p. 72.

A obra de Euclides da Cunha tem servido como esse ponto de partida não apenas de Vargas Llosa, mas da maioria dos narradores de Canudos. Consequentemente, é perceptível uma relação hipertextual entre *La guerra del fin del mundo* e *Os Sertões*. Para Leopoldo M. Bernucci, uma relação hipertextual pode ser definida como o elo entre um texto B (*La guerra*) e um texto anterior A (*Os sertões*), e não se faz necessário enfatizar a dependência do texto B em relação ao A.[192]

Uma das ideias centrais que permeia toda a narrativa de *La guerra del fin del mundo* é justamente a retomada da problemática norteadora do livro de Euclides da Cunha: a dicotomia civilização *versus* barbárie que, segundo Vargas Llosa, permanece na América Latina até os dias atuais. Contudo é necessário assinalar que não afirmamos que as questões levantadas por Euclides são as mesmas reclamadas pelo literato peruano.

Ao evidenciar um problema que marcou o Brasil no final do século XIX – momento em que o país experimentou um processo modernizador –, Vargas Llosa objetiva, ainda, chamar a atenção, de alguma forma, para o fato de que o Peru (e algumas regiões da América Latina do final do século XX) também necessitava passar por uma modernização. Assim, o retorno do escritor ao Peru, em 1974, e a posterior candidatura à presidência da República, em 1990, a partir de um discurso liberal que objetiva transformar o país em uma potência econômica com base diretrizes neoliberais, não se configura como uma surpresa. Ao lermos a obra de Vargas Llosa, não podemos ser ingênuos e acreditar que o autor utiliza a dicotomia civilização *versus* barbárie apenas como um empréstimo *ipsis litteris* do texto euclidiano.

Em *La guerra del fin del mundo*, o conflito que se desenrolou em Canudos é representado como um embate entre a civilização, caracterizado pela modernidade da República e dos seus defensores, e a barbárie dos costumes sertanejos. Contudo, além da retomada desse tema inerente à história americana, Vargas Llosa buscou mostrar também "alegoria da luta entre duas forças internas do homem: a natural anterior aos limites impostos pela civilização, a do homem primitivo, e a que lhe foi imposta pela necessidade de sobrevivência na grei, a do homem civilizado".[193]

No romance *La guerra del fin del mundo* podemos perceber também a presença marcante da relação entre literatura e História. Vargas Llosa

---

[192] BERNUCCI, 1989, p. 6.
[193] GUTIÉRREZ, 1996, p. 181.

destaca que em suas obras, a ficção cumpre o dever de se parecer com a verdade ou ilusão de verdade, mas nunca pretendendo ser um discurso portador da veracidade pura e total. "A literatura é, por excelência, o reino da ambiguidade. Suas verdades são sempre subjetivas, meias-verdades, relativas, verdades literárias que com frequência constituem inexatidões ou mentiras históricas". Ainda de acordo com o literato, a ficção é uma criação do espírito inconformista do homem que, insatisfeito com a vida real, busca viver no mundo ficcional de um romance, filme, conto etc., a existência que desejava viver. No entanto o escritor peruano contesta as interpretações que enfatizam ser o romance sinônimo de irrealidade, pois, para ele, as relações entre verdade e mentira, numa obra ficcional, são mais complexas do que se imaginam.[194]

Devemos ressaltar que o romance de Vargas Llosa sobre Canudos enquadra-se no modelo do "novo romance histórico latino-americano" e, como tal, tem algumas características próprias que o distinguem do modelo tradicional, tais como: uma releitura crítica dos eventos históricos; o confronto de versões diferentes e/ou contraditórias (apesar da existência de uma única verdade); a aproximação do passado de uma forma "niveladora e dialogante" a dessacralização da releitura do passado, por meio de uma grande preocupação com a linguagem; a ficcionalização de personagens históricas bem conhecidas; a presença da metaficção ou de comentários do narrador sobre o processo de criação; e, ainda, o uso da intertextualidade.[195]

Por todas essas características, Vargas Llosa mostra-se como um exemplo de "escritor-historiador", indivíduo dotado de sensibilidade aguçada, que sabe transitar muito bem, tanto pela literatura como pela história, tentando resgatar, por meio do romance, uma leitura do passado que o liberte da versão oficial da História, ao mesmo tempo em que busca, no passado, "compreender suas formas de ficcionalizar e compreender o presente".[196]

---

[194] LLOSA, Mario Vargas. **A verdade das mentiras**. Tradução de Cordelia Magalhães. São Paulo Arx, 2004. p. 16; 24.
[195] REGO, Djair T. Polifonia, dialogismo e procedimentos transtextuais na leitura do romance La guerra del fin del mundo, de Mario Vargas Llosa: Pró dromos e Epígonos. 2008. 220f. Tese (Doutorado em Letras) Universidade Federal da Paraíba, João Pessoa, 2008, p. 12 *apud* ESTEVES, Antônio Roberto. O novo romance brasileiro. *In:* ANTUNES, Letizia (org.). **Estudos de literatura e linguística**. São Paulo: Arte e Ciência; Assis: Pós-Graduação em Letras da FCL/UNESP, 1998. p. 133-134.
[196] OLIVEIRA, Cristiano Mello de. **Romances Históricos**: uma Discussão Problemática. p. 9.

É importante notar que Vargas Llosa vale-se do conhecimento histórico e de alguns princípios metodológicos utilizados pela historiografia para enriquecer o seu relato ficcional. Bernucci explica que "Hay que considerar asimismo que si por un lado la Historia se escribe a través del novelista, por otro, como ya hemos sugerido, él quiere escribir simplemente una historia".[197]

Por isso, se em *La guerra del fin del mundo* temos, por um lado, a aproximação com o ofício do historiador – sobretudo mediante uma exaustiva pesquisa documental (método utilizado pelo romancista francês Gustave Flaubert, uma das principais referências do escritor peruano) –, por outro há uma grande divergência, principalmente no tocante ao resultado a ser alcançado no final do processo, já que o escritor peruano, ao contrário dos historiadores, sempre fez questão de reafirmar seus objetivos transgressores de mentir, com base na realidade apresentada. Dessa forma, Vargas Llosa também entende que os romances cumprem uma função muito importante, pois "expressam uma curiosa verdade, que somente pode se expressar escondida, disfarçada do que não é".[198]

Para Vargas Llosa, o romance não pode ser classificado como sinônimo de irrealidade, já que as relações entre verdade e mentira no universo da ficção são marcadas por grande complexidade. A distância existente entre palavras e fatos não determina, segundo o literato peruano, a "verdade de um romance", pois as concepções de verdade e mentira, nesse gênero literário, são mais de caráter estético. Devemos levar em consideração, conforme o autor de *La guerra del fin del mundo*, que qualquer tipo de ficção tem raízes fundadas na realidade.[199]

Vargas Llosa acredita que História e literatura têm fronteiras bastante delimitadas, "trata-se de sistemas opostos de aproximação do real", contudo, essa diferenciação entre verdade histórica e verdade literária só pode se tornar possível nas sociedades abertas. Entretanto é importante ressaltar que o literato explica que a noção de verdade ou mentira funciona de maneira distinta em ambos os casos. No caso da História, quanto mais proximidade entre a escrita e a realidade na qual se baseia o historiador, mais verídico torna-se o relato. Já no caso da literatura, as verdades são

---

[197] BERNUCCI, 1989, p. 206.
[198] LLOSA, 2004. p. 16.
[199] *Ibid.*, p. 20-21.

sempre relativas, subjetivas, meias-verdades;[200] em outras palavras, a "ficção não necessita atrelar-se ao acontecido, estando sua verdade na potencialidade ilusória do discurso".[201]

Apesar de considerar as diferenças entre "verdade literária" e "verdade histórica", o intelectual peruano defende a tese de que somente as "mentiras" literárias são capazes de relatar uma história que os historiadores "não sabe nem podem contar".[202] A literatura seria fundamental para as sociedades democráticas, na visão de Vargas Llosa, porque, entre outros benefícios, ajudam os seres humanos a desenvolverem o espírito crítico.

> Outra razão para dar à literatura um lugar importante na vida das nações é que, sem ela, o espírito crítico, motor da mudança histórica e melhor avalista de sua liberdade, com que contam os povos, sofreria uma perda irremediável. Porque toda boa literatura é um questionamento radical do mundo em que vivemos. Em todo grande texto literário, e, sem que muitas vezes o tenham querido seus autores, respira uma predisposição sediciosa.[203]

A esse papel social que inclui, ainda, benefícios no campo da comunicação, pode ser acrescida, também de acordo com o escritor, a ideia de que somente a literatura "dispõe de técnicas e de poderes para destilar esse delicado elixir da vida: a verdade escondida no coração das mentiras humanas".[204]

Apesar de destacar que as fronteiras entre os discursos histórico e ficcional são bem delimitadas, principalmente nas sociedades abertas, já que se tratam de "sistemas opostos de aproximação do real",[205] Vargas Llosa explica que em qualquer evento transformado em linguagem, os fatos acabam sofrendo profundas modificações, em que as noções de verdade e mentira tornam-se relativas: "[...] a história mais se realizará quanto maior for sua fidedignidade aos fatos ocorridos, enquanto a ficção não necessita atrelar-se ao acontecido, estando sua verdade na potencialidade ilusória do discurso".[206]

---

[200] *Ibid.*, p. 20-24.
[201] GUTIÉRREZ, 1996, p. 82.
[202] LLOSA, 2004, p. 24.
[203] *Ibid.*, p. 387.
[204] *Ibid.*, p. 25.
[205] *Ibid.*, p. 20.
[206] GUTIÉRREZ, 1996, p. 82.

2.3 AS VOZES DE VARGAS LLOSA: PERSONAGENS DO UNIVERSO DE *LA GUERRA DEL FIN DEL MUNDO*

É importante salientar que no romance de Vargas Llosa, as noções bakhtinianas de polifonia e dialogismo estão presentes de maneira bastante significativa. Esses conceitos, que se complementam, auxiliam no entendimento da variedade de discursos que aparecem na obra do escritor andino, uma vez que as personagens não expressam apenas o discurso do autor, mas se mostram como sujeitos do próprio discurso.[207]

Nesse sentido é que o estudo das personagens que compõem o romance pode revelar a riqueza da obra, auxiliando na análise das representações de Conselheiro concebidas por Vargas Llosa, afinal, entendê-las é relevante também para uma compreensão mais ampla da história narrada pelo literato peruano.

Juntamente à complexa presença da relação entre ficção e história – inerente a todo romance dessa espécie –, a dimensão da memória também ganha lugar de destaque em *La guerra del fin del mundo*, pois, como explicou Vargas Llosa, a memória é o ponto de partida para a fantasia.[208]

Um questionamento recorrente em entrevistas, palestras e pesquisas sobre a versão novelesca de Vargas Llosa para a Guerra de Canudos foi o porquê do interesse por um tema brasileiro do final do século XIX. Procuramos explicar, no capítulo anterior, o caráter abrangente que a Guerra de Canudos e *Os sertões* ganham na leitura e na escrita de Vargas Llosa. Além do retorno a um tema caro ao continente (civilização versus barbárie), expõe e condena as várias formas de fanatismo ao mesmo tempo em que reclama uma modernização para o seu país e para a toda a América Latina.

Devemos nos atentar que, em 1974, após dezesseis anos residindo na Europa (Paris, Londres e Barcelona), Vargas Llosa retornou ao Peru, podendo presenciar mais de perto os problemas do seu país natal, como o crescimento do grupo guerrilheiro Sendero Luminoso, que provocou um clima de horror e medo na sociedade peruana. Sem dúvida, a situação política, econômica e social do Peru, do final dos anos 1970 e início dos anos 1980, influenciaram o literato peruano na escrita de *La guerra del fin del mundo*. Não podemos negligenciar "que a rememoração também

---

[207] REGO, 2008, p. 15-17.
[208] *Ibid.*, p. 23.

significa uma atenção precisa ao presente, [...] pois, não se trata apenas de não se esquecer do passado, mas de agir sobre o presente".[209]

Na narrativa do romance, a história concentra-se em três personagens (o barão de Canabrava, o jornalista míope e Galileu Gall) que representam visões distintas sobre o mesmo tema, Canudos, e acabam também expressando as ideias do próprio Vargas Llosa e de Euclides da Cunha.[210] O barão e o jornalista são os protagonistas da história e as personagens que têm as posições ideológicas e políticas mais lúcidas. Já o frenólogo anarquista, juntamente a Antônio Conselheiro, Moreira César e o rastreador Rufino, formam o núcleo fanático da história.

Baseado em Cícero Dantas Martins – o barão de Jeremoabo –, Canabrava é descrito por Vargas Llosa como um indivíduo tranquilo, convicto de atitudes quase sempre lúcidas e pertinentes, ou seja, o oposto das personagens fanáticas. Movido por sentimentos como a compaixão e o sofrimento, o barão acaba abdicando da sua carreira política para cuidar da esposa doente. Com isso, o escritor peruano contribui para romper com um estereótipo bastante difundido na literatura latino-americana: o do fazendeiro rico e desalmado.[211]

Segundo Seymor Menton, devido à sua sensatez e à capacidade de ser flexível diante das situações mais adversas, o barão de Canabrava acaba se identificando com o camaleão. Apesar de monarquista, vivendo o início do regime republicano, não perde a influência e o poder na Bahia. Mesmo com todas as contendas existentes envolvendo os grupos políticos regionais, ele acaba, no final, apoiando o seu maior inimigo, o republicano Epaminondas Gonçalves. Ademais, o barão acaba perdoando outras antigas desavenças, como o próprio jornalista míope (permitindo que ele volte ao seu jornal) e o anarquista Gall.[212]

Equipado com todas essas virtudes, além de ser uma das personagens centrais do romance, o barão de Canabrava torna-se também umas das vozes com a qual Vargas Llosa expressa suas convicções ideológicas.

---

[209] GAGNEBIN, Jeanne M. Memória, história, testemunho. *In*: NAXARA, Márcia Regina; BRESCIANI, Maria Stella (org.). **Memória e (re) sentimento**: indagações sobre uma questão sensível. Campinas: Editora da Unicamp, 2004. p. 85-94.

[210] BERNUCCI, 1989, p. 84.

[211] MENTON, Seymor. **La guerra contra el fanatismo de Mario Vargas Llosa**. 1989. Disponível em: http://cvc.cervantes.es/literatura/aih/pdf/10/aih_10_4_001.pdf. Acesso em: 12 dez. 2012.

[212] *Ibid.*, p. 814.

> A figura do barão simboliza a visão de Vargas Llosa a respeito de pessoas que, sem idealizações exacerbadas, sem extremismos, teriam capacidade suficiente para, através do dialogo, conduzir o processo de solução dos diversos problemas sociais e econômicos presentes, não apenas no Brasil, mas em toda a América Latina.[213]

Utilizando a personagem barão de Canabrava, Vargas Llosa expõe suas convicções em relação ao fanatismo, visto por ele como uma ameaça para a compreensão inteligível e real dos fatos. De acordo com Seymor Menton, o fanatismo é o eixo estruturante de todo o romance e, como já disse, ele torna-se uma característica não apenas do Conselheiro e dos seus seguidores, mas de Moreira César e de outras personagens.[214]

Outro protagonista da história é o emblemático jornalista míope, baseado, segundo Vargas Llosa, nele próprio e em Euclides da Cunha, e mais um dos personagens-escritores que povoam os romances vargasllosianos. Em *La guerra del fin del mundo* esse papel é ocupado também por Galileu Gall e pelo auxiliar de Conselheiro, Leão de Natuba.

Por meio dessas personagens que escrevem, Vargas Llosa tenta mostrar os diferentes pontos de vista sobre Canudos, bem como distintas propostas de escrita da história do conflito. Com Galileu Gall – um anarquista escocês que fica deslumbrado com a possibilidade socialista que Canudos representava –, o escritor peruano mostra a compreensão dos eventos de Canudos a partir da ótica do leitor estrangeiro, bem como uma tentativa de relatar a história de Canudos com base em um ponto de vista idealista/profano. Já Leão de Natuba, o escriba de Antônio Conselheiro, parte de uma perspectiva oposta: escrever uma versão sagrada da história, ou seja, a guerra como o confronto de representantes da verdadeira fé contra um Brasil republicano e ateu. Ambos os projetos, apesar de distintos em sua essência, são considerados por Vargas Llosa idealistas, pois, nos dois casos, foram baseados em ideologias nas quais imperava alguma forma de fanatismo.

É importante salientar que em ambos os casos, a tentativa de escrita não foi concretizada. No caso de Gall, após a sua morte, seus últimos textos sobre Canudos não foram publicados pelo jornal francês *L'Etincelle de la Revolte*. Já Leão de Natuba não conseguiu registrar as suas impressões por

---

[213] REGO, 2010, p. 58.
[214] MENTON, 1989, p. 1-2.

causa da falta de papel e tinta. Apesar de perder as anotações, ter os óculos e as penas de ganso quebradas na guerra, o jornalista míope prosseguiu com a missão heroica de escrever um livro sobre Canudos. Apesar de todo o esforço, ele também não conseguiu mostrar toda a verdade sobre o conflito (impossível por si mesma), mas sua versão aparece no enredo do romance como a mais ponderada e verossímil.[215]

Assim como Euclides da Cunha, o jornalista míope foi a Canudos como correspondente de um jornal, na perspectiva de acompanhar de perto os conflitos que opunham os conselheiristas às Forças Armadas. Contudo, durante os eventos finais, os seus óculos quebram e ele acaba observando a guerra com a visão deturpada pela miopia. Também como Euclides, recorreu a entrevistas e pesquisou outras fontes para escrever a história de Canudos, porém o distúrbio visual do jornalista – além de poder ser apontada como uma crítica à posição de Euclides da Cunha durante os dias finais do conflito – torna-se também uma censura que se estende aos vários correspondentes que foram "testemunhas oculares", mas que só viam aquilo que queriam.

> A miopia do jornalista, quase cegueira nestes momentos finais, foi inspirada na miopia de Euclides, pois seu embasamento positivista e seu ardor republicano haviam-lhe ofuscado a compreensão dos fatos. Vargas Llosa quer ressaltar que todos sem exceção, têm uma visão bastante limitada e parcial dos acontecimentos. Todos enxergavam somente até aonde a 'miopia' lhes permite. E se Euclides, mesmo de fora, conseguiu perceber o massacre que ocorria dentro de Canudos, o jornalista míope, de dentro, mesmo sem os óculos, que havia perdido, conseguiu perceber muito mais. [...] mesmo sem ter visto quase nada, conseguiu enxergar muito além.[216]

Complementando a ideia dos significados da miopia do jornalista, em *La guerra del fin del mundo*, Bernucci destaca que essa deficiência visual pode ser interpretada também a partir de dois prismas: o patológico e o ideológico.

---

[215] REGO, Djair T. **Polifonia, dialogismo e procedimentos transtextuais na leitura do romance La guerra del fin del mundo, de Mario Vargas Llosa:** Pró dromos e Epígonos. 2008. 220f. Tese (Doutorado em Letras) Universidade Federal da Paraíba, João Pessoa, 2008. p. 58.
[216] REGO, 2010, p. 74-75.

> [...] no es solamente el no poder ver físicamente sino que el periodista tampoco consigue entender completamente lo que está pasando [...] El tema de la miopía física y cognoscitiva proporciona un nuevo aporte para la comprensión de mundo narrado, pues es el periodista miope, quien más tarde tiene como sobrenombre, el ciego, el que desarrolla esta metáfora y comunica con la elaboración más fina y comprensiva los avatares y los múltiples sentidos de la guerra.[217]

A convivência com os jagunços e seu mundo totalmente diferente faz com que o jornalista míope compreenda o jogo político marcado pelas conspirações para alcançar o poder, fazendo-o enxergar o Conselheiro e aquela estúpida guerra de modo totalmente diferente daquilo que a grande imprensa noticiava, prometendo a si mesmo uma vingança e uma retratação, por meio da escrita, daqueles equívocos cometidos pela imprensa (inclusive ele próprio).[218]

Nesse sentido, outra importância do jornalista míope é resgatar a história de Canudos, por intermédio dos diálogos com o Barão de Canabrava. Outro papel desempenhado nessas conversas entre os dois personagens da narrativa de Vargas Llosa é o de "corregir las formulaciones ingenuas de la opinión pública o bien complementar los datos que la novela há dejado abiertos o que há cercado ambigüedad".[219]

Portanto as personagens analisadas são de fundamental importância para a compreensão do romance em vários aspectos, como o desenvolvimento das histórias, a visão do autor etc. Assim como o Barão de Canabrava, com seu pragmatismo e sensatez ao analisar a Guerra de Canudos, apresenta-se no corpo do romance como uma espécie de *alter ego* de Vargas Llosa, a figura de Galileu Gall sugere um exemplo de como as ideias utópicas podem distorcer a realidade dos fatos, podendo se pensar em uma autocrítica ao período da vida do escritor em que ele foi militante comunista do *Cahuide*.[220]

No processo de escrita de um romance complexo sobre um assunto tão investigado como foi Canudos, devemos enfatizar as intenções políticas e ideológicas do escritor peruano. Em sua versão sobre a história do arraial de Belo Monte, Mario Vargas Llosa ampliou o significado desse

---

[217] BERNUCCI, 1989, p. 85.
[218] REGO, 2008, p. 55-56.
[219] BERNUCCI, 1989, p. 89.
[220] REGO, 2010, p. 72.

movimento, classificando-o como algo representativo de uma realidade maior que perpassa as fronteiras brasileiras, ou seja, a Guerra de Canudos seria um laboratório da história da América Latina.

De forma semelhante, Antônio Conselheiro transformou-se, na narrativa vargasllosiana, em uma personagem idealista, "fanática", transgressora da ordem, sintetizando, dessa forma, indivíduos da história do continente que, assim como o líder da comunidade de Belo Monte, tornaram-se heróis marginalizados na época em que viveram, mas que foram resgatados das mais diferenciadas formas pela escrita literária, histórica e memorialística.

2.4 ANTÔNIO CONSELHEIRO: UMA PERSONAGEM DA HISTÓRIA LATINO-AMERICANA

A relação de intertextualidade entre *La guerra del fin del mundo* e *Os sertões* é visível também na construção da personagem Antônio Conselheiro. Para Vargas Llosa, o líder do arraial de Belo Monte representou, de uma maneira exacerbada, como a história latino-americana está recheada de contradições e loucuras. Assim, o seu exemplo merece continuar sendo rememorado e reescrito. Por essas razões, Vargas Llosa considera-o uma personagem marcante da história do nosso continente e fundamental para entender a Guerra de Canudos.

> Ele canalizou uma rebeldia latente, forjada pela frustração, pelo isolamento, pelo primitivismo cultural e por uma visão integrista da religião, mas, também, uma defesa instintiva daquilo que lhe é próprio, da tradição, costumes e fantasias que mantêm a coesão da tribo, e uma generosa disposição para o sacrifício por um ideal obscuro. Não é possível entender a Guerra sem o Conselheiro.[221]

Diferentemente de Euclides da Cunha, que na segunda parte de *Os sertões* produziu toda uma descrição do homem brasileiro e das "sub-raças" sertanejas para inserir a trajetória de Conselheiro e explicá-lo como representante do meio em que viveu, o escritor peruano não contextualizou a vida do beato. Ao contrário, ocultou as suas origens e a sua história, com uma técnica literária que acabou revestindo a personagem de uma áurea de mistério.

---

[221] LLOSA, 2010, p. 133.

> El hombre era alto y tan flaco que parecía siempre de perfil. Su piel era oscura, sus huesos prominentes y sus ojos ardían con fuego perpetuo. [...] Era imposible saber su edad, su procedencia, su historia, pero algo había en su facha tranquila, en sus costumbres frugales, en su imperturbable seriedad que, aun antes de que diera consejos, atraía a las gentes.[222]

A descrição de Conselheiro, disposta no primeiro parágrafo do romance, revela um recurso narrativo muito utilizado pelos jornais da época da guerra, biógrafos e estudiosos de Canudos. Essa representação, que enfatiza as características físicas do místico, objetivava mostrá-lo como um indivíduo singular no contexto do sertão – apesar de a figura do andarilho ou do beato não ser algo tão incomum nessa região. Todavia, diferentemente da maioria dos biógrafos e estudiosos do tema, como Euclides da Cunha, o escritor peruano desconsiderou todos os antecedentes do peregrino cearense.

Um aspecto interessante para entendermos melhor as representações de Conselheiro em *La guerra del fin del mundo* aparece antes mesmo da parte inicial do livro. Na primeira edição do romance (outubro de 1981), após a dedicatória "A Euclides da Cunha en el outro mundo; y, en este mundo, a Nélida Piñon", aparece uma gravura seguida da frase: "O fanático Antônio Conselheiro". De acordo com Bernucci, "la figura del Consejero que aparece en la portada, corresponde a un grabado reproducido en periódicos de la época y en los lugares descritos en la novela".[223]

---

[222] LLOSA, 1981, p. 15.
[223] BERNUCCI, 1989, p. 2.

Figura 3 – Desenho de Antônio Conselheiro do século XIX, presente na primeira edição de La guerra del fin del mundo

Fonte: autor desconhecido (1981)[224]

A imagem é a única informação sobre Antônio Conselheiro que o leitor recebe antes da breve descrição que aparece logo na abertura do romance. Ela visa proporcionar ao leitor uma ideia acerca do beato, representado por Vargas Llosa mediante sua narrativa. Nas edições brasileiras, o desenho de Conselheiro também aparece, porém nem sempre a mesma imagem (ver Figuras III e IV).

---

[224] LLOSA, 1981, p. 2.

Figura 4 – Desenho de Antônio Conselheiro do século XIX na lombada do livro Última Expedição a Canudos 1898

Fonte: Dantas Barreto (1898)[225]

Figura 5 – Desenho de Conselheiro no Periódico A Gazetinha

Fonte: Antônio Olavo (1989)[226]

---

[225] BARRETO, 1898, p. 3.
[226] SANTOS, 2012.

Em *La guerra del fin del mundo*, a imagem do beato contribui também para corroborar com a ideia de um Conselheiro "imóvel".

> [...] imobilizado nessa história e na História, e aprisionando-o em um pretérito imperfeito que o condena sisificamente à repetição das mesmas ações, antecipa a dimensão mítica de seu retrato nesse romance. Em seu corpo parco, sobressaem, apenas, os olhos [...] que, no código descricional vargasllosiano, sempre delatam o fanático. O Conselheiro vargasllosiano, por sua feição mítica, quase estática, difere essencialmente do Conselheiro euclidiano.[227]

Um elemento que complementa as características físicas descritas nas representações do Conselheiro são as vestes. Na versão de Vargas Llosa, o peregrino, ao invés do famoso camisolão azul, aparece vestido com uma túnica roxa – apesar de essa informação não se fazer presente em algumas traduções brasileiras. Seria a cor da túnica uma alusão à lendária "Mulher de Roxo" ou "Dama de Roxo", personagem famosa na cidade de Salvador nas décadas de 1960-1980? Vargas Llosa teria conhecido a sua história quando esteve na Bahia, em 1979, colhendo materiais para a escrita do romance? De toda sorte, a história da "Mulher de Roxo", assim como a de Conselheiro, mobilizou o imaginário popular, sendo envolvida em uma aura de mistério e lendas. O seu nome era Florinda Santos, andava descalça, trajando um hábito de freira de cor roxa, em homenagem às suas santas de devoção, um grande crucifixo e uma Bíblia. Andava de um lado para o outro, falando sozinha e pedindo dinheiro".[228]

No que diz respeito, ainda, às suas características físicas e aos atributos pessoais, Conselheiro de Vargas Llosa é descrito como magro, alto, pele escura, vestido com uma túnica roxa e calçando uma sandália de pastor, o que lembrava os missionários. Apesar de não revelar sua antecedência histórica, o literato peruano caracteriza-o como um indivíduo extremamente preocupado com a situação das igrejas e cemitérios do sertão, aliás, uma das poucas situações que perturbavam seu aspecto tranquilo e sereno.

> Pero él no comía ni bebía antes de llegar hasta la iglesia del pueblo y comprobar, una vez más, una y cien veces, que

---

[227] GUTIÉRREZ, 1996, p. 180.
[228] CRUZ, Gutemberg. A mulher de roxo foi a personagem lendária de Salvador. Salvador, 9 out, 2006. Disponível em: http://blogdogutemberg.blogspot.com/2006/10/mulher-de-roxo-foi-personagem-lendria.html. Acesso em: 16 fev. 2013.

> estaba rota, despintada, con sus torres truncas y sus paredes agujereadas y sus suelos levantados y sus altares roídos por los gusanos. Se le entristecía la cara con un dolor de retirante al que la sequía ha matado hijos y animales y privado de bienes y debe abandonar su casa, los huesos de sus muertos, para huir, huir, sin saber adónde. A veces lloraba y en el fuego negro de sus ojos recrudecía con destellos terribles.[229]

Vargas Llosa também destaca que o teor das prédicas de Antônio Conselheiro quase sempre sobre o mesmo assunto: o fim do mundo. De acordo com o escritor, esses conselhos eram simples e práticos, acolhidos pelos camponeses pobres do sertão como verdades incontestáveis. Assim como os seus gestos e as suas atitudes são repetitivas ao longo do romance, as prédicas têm a mesma característica de imobilidade e repetição: "[...] y proseguía haciendo las cosas que solía hacer: orar, meditar, andar, aconsejar".[230]

Todos os aspectos descritos corroboram para que em *La guerra del fin del mundo*, assim como em *Os sertões* e em diversos trabalhos científicos, históricos e literários, Antônio Conselheiro seja descrito como um fanático religioso.

> Na linha de Camacho e de Pantaleón, o traço mais forte de Conselheiro vargasllosiano é o fanatismo. Mesmo sem ser um personagem condutor de narrativa, catalisa todas as grandes ações de *La guerra del fin del mundo*. Suas palavras (seus conselhos) são o móvel principal dessas ações.[231]

De acordo com Bernucci, o Conselheiro vargasllosiano:

> [...] se hace sobre la base de las conjuciones y disjunciones com relación al hipotexto dacunhiano". [...]Por um mecanismo de sustitución, supresión más adición, el autor consegue recrear una imagen del Consejero cuyos atributos son unicamente positivos, estableciendo, así, para la visión del mundo del narrador básico um modelo ideológico definido; es decir, la defensa del personaje o la simpatia hacia él. Por extensión, esos mismos atributos se encuentran también em la vida de los conjeristas, siguiendo la línea ideológica previa y coerentemente trazada por el novelista.[232]

---

[229] LLOSA, 1981, p. 15.
[230] *Ibid.*, p. 27.
[231] GUTIÉRREZ, 1996, p. 56.
[232] BERNUCCI, 1989, p. 28.

Vale salientar que o papel de fanático cabe não apenas o Conselheiro, mas também a Moreira César (republicano) e a Galileu Gall (anarquista). As duas últimas personagens simbolizam também o confronto entre princípios opostos, travado na Guerra de Canudos: "O primeiro representa a ordem a ser mantida e o segundo, a transgressão a ser reprimida".[233]

A personagem do coronel Moreira César, criada por Vargas Llosa, é caracterizado como nacionalista extremado, republicano militar convicto de que só o exército poderia livrar o país do atraso político, social e econômico em que se encontrava. Dessa maneira, o comandante da Terceira expedição contra Canudos "representa al ejército, pero es preciso añadir que simboliza también el ideal republicano vigente de la época".[234] Assim como Antônio Conselheiro e Galileu Gall, Moreira César é um idealista. "No le interesan el dinero, ni los honores y acaso ni siquiera el poder para él. [...] Como ocurre con muchos idealistas, es implacable cuando quiere materializar sus sueños".[235]

Todavia o Conselheiro vargasllosiano não é apenas um fanático. Nas páginas do romance de Vargas Llosa, ele transforma-se em um ser mítico. A propósito, Seymor Menton chamou a atenção para a representatividade do fogo nas ações do Conselheiro em *La guerra del fin del mundo*:

> El profeta tenía los "ojos incandescentes" (16), "ojos ígneos" (32) y cita las palabras bíblicas: "¡Vine para atizar un incendio!" (91). Después advierte que "el fuego va a quemar este lugar" (152) y que "habrá cuatro incendios" (152). Como declaración de guerra contra el gobierno republicano, el profeta manda quemar los decretos de secularización de 1889. Desde luego que el motivo recurrente del fuego se nutre de las sequías de la región, de la frecuente mención de las fogatas y del uso metafórico de verbos como «llamear» (16).[236]

Bernucci explica que as características dos olhos do Conselheiro – repletas de alusões ao fogo – em *La guerra del fin del mundo* estabelece mais uma das várias relações intertextuais com *Os sertões*. Baseado nessa

---

[233] GUTIÉRREZ, *op. cit.*, p. 181.
[234] BERNUCCI, 1989, p. 41.
[235] LLOSA, 1981, p. 240.
[236] MENTON, Seymour. **La guerra contra el fanatismo de Mario Vargas Llosa**. 1989. Disponível em: http://cvc.cervantes.es/literatura/aih/pdf/10/aih_10_4_001.pdf. Acesso em: 12 dez. 2012. p. 2.

obra, o escritor peruano reelabora vários elementos da personalidade do Conselheiro descritos em *Os sertões*.

La guerra del fin del mundo (A)	Os Sertões (B)
Ojos ardían con fuego perpetuo	Olhar fulgurante
Ojos fulminates	Olhos [...] Negros e vivos
Ojos parecían brasas	Olhar (de) uma cintilação ofuscante
El fuego negro de sus ojos [...]	Olhos fundos
	Sem olhar
	Olhar imerso nas estrelas[237]

Esse fogo, dependendo do contexto, expressa outra característica do Conselheiro: "Paixão exacerbada, fé extremada, uma obstinação".[238] Outra técnica literária utilizada por Vargas Llosa na construção da personagem do beato, que pode ser entendida também como cinematográfica, é mostrá-lo, apesar de todo o mistério que o cerca, como elemento principal do romance, uma inversão que "põe o homem na frente da paisagem".[239]

De acordo com Tarciso do Rego, outra inversão realizada por Vargas Llosa em relação a Euclides da Cunha, é a minuciosa descrição que o escritor peruano faz da biografia dos seguidores de Antônio Conselheiro, destacando, de um lado, a miséria das suas vidas antes de conhecerem o profeta e, de outro, a glória, a redenção, após ouvirem as palavras do beato e se converterem.[240] "Igual que los vaqueiros, los peones, los libertos y los esclavos, los cangaceiros reflexionaban. Y algunos de ellos – el cortado Pajeú, el enorme Pedrão y hasta el más sanguinario de todos: João Satã – se arrepentían de sus crímenes, se convertían al bien y lo seguían".[241] Grande parte das características biográficas dos jagunços, descritas em *La guerra del fin del mundo* foram compostas principalmente a partir de duas fontes: Memorial de Vilanova e Os Sertões.[242]

---

[237] BERNUCCI, 1989, p. 29.
[238] REGO, 2008, p. 42-43.
[239] REGO, 2010. p. 66.
[240] *Ibid.*, p. 66.
[241] LLOSA, 1981, p. 28.
[242] *Ibid.*, p. 52.

Rinaldo de Fernandes destacou que o Conselheiro de Vargas Llosa vai se transformando em uma personagem bastante complexa – "personalidade de tipo especial"[243] –, que somente poderá ser entendida se levarmos em consideração a biografia dos seguidores. Nos esboços biográficos de Antônio Beatinho, Leão de Natuba e Pajeú, notamos a presença da trajetória do Conselheiro, também marcada por várias dificuldades, na qual a religião passou a desempenhar um papel central na transformação das vidas, acrescentando-lhes muitas virtudes.

Em *La guerra del fin del mundo,* Vargas Llosa, ao esboçar biografias de alguns jagunços, também destacou aspectos sombrios do passado deles, redimidos pelo encontro com o beato e a consequente conversão. Um exemplo é João Grande, negro nascido em um engenho no Recôncavo baiano que cometeu um crime brutal contra a irmã de seu senhor, e tem a vida mudada quando se encontra com o Conselheiro.

> João Grande lo estuvo escuchando, conmovido hasta los huesos por lo que oía y por la música con que venía dicho lo que oía. La figura del santo se le velaba a ratos por las lágrimas que acudían a sus ojos. Cuando el hombre reanudó su camino, se puso a seguirlo a distancia, como un animal tímido.[244]

Em sua versão romanesca sobre Canudos, Vargas Llosa assinalou que uma das virtudes marcantes do Conselheiro era justamente transformar as desgraças do cotidiano em bênçãos. Ser pobre significava ser eleito. Ter um passado de crimes significava que Deus tinha compaixão dos seus escolhidos, não levaria em conta o tempo da ignorância desde que o eleito aceitasse o chamado para uma causa maior: a manutenção da verdadeira fé e, como consequência, gozar as delícias da salvação da alma.[245]

Em entrevista concedida a Ricardo Setti, o escritor peruano explicou, ainda, que o beato "deu aos jagunços [...] uma possibilidade de interpretar essa condição desamparada e trágica que eles tinham como algo que podia enobrecê-los e dignificá-los [...]. O Conselheiro lhes deu, além disso, um orgulho de seus costumes".[246]

---

[243] FERNANDES, Rinaldo N. **Mundo múltiplo**: uma análise do romance histórico La guerra del fin del mundo. 2002. 261f. Tese (Doutorado em Letras) – Instituto de Estudos da Linguagem, Universidade Estadual de Campinas, Campinas, 2002. p. 412.

[244] LLOSA, 1981, p. 39-40.

[245] *Ibid.*, p. 94.

[246] SETTI, 1986, p. 46-49.

Angela Gutiérrez complementa a discussão afirmando que toda ação do romance "no que se refere à disposição dos sertanejos para a construção e preservação de Belo Monte, está explicada e justificada pelas lições de Conselheiro". Assim, temos a característica marcante do beato, personagem criada por Vargas Llosa: um líder espiritual preocupado com a salvação do seu rebanho. Salvação que alcançariam os que não negassem a "verdadeira fé", não transgredissem os códigos morais e culturais que lhe foram ensinados pelas prédicas e pela vida cotidiana em Belo Monte.[247]

Na história contada por Vargas Llosa, as coisas aconteceram como o Conselheiro havia profetizado. O líder de Belo Monte consegue prever que os três primeiros confrontos seriam vencidos, mas o quarto estava na mão do Bom Jesus.[248] Desse modo, as profecias do começo de *La guerra del fin del mundo* são confirmadas pelo seu escriba, Leão de Natuba, e os conselheiristas acabam sendo derrotados em outubro de 1897, pela quarta e derradeira expedição, comandada pelo general Artur Oscar. Bernucci explica que as profecias do beato estabelecem uma relação com uma importante fonte utilizada pelo escritor peruano, a Bíblia.[249]

Antônio Conselheiro acaba falecendo devido a uma diarreia causada por estilhaços que atingiram a sua barriga. Mas, antes disso, incumbiu a Antônio Vilanova, um dos seus discípulos mais próximos, a seguinte missão: "Anda al mundo a dar testimonio, Antonio, y no vuelvas a cruzar el círculo. Aquí me quedo yo con el rebaño. Allá irás tú. Eres hombre del mundo, anda, enseña a sumar a los que olvidaron la enseñanza".[250]

Para o escriba e ajudante pessoal, Leão de Natuba, essas palavras eram os suspiros finais de um santo, por isso mereciam ser gravadas para posteridade. Para Antônio Beatinho, a certeza de que seriam recordadas por várias gerações, "por los años y los siglos, entre miles y millones de hombres de todas las lenguas, razas, geografías; se recordará por una inmensa humanidad aún no nacida".[251]

Antes da morte de Conselheiro, Vargas Llosa apresenta uma cena que representa uma espécie de "última ceia" em Canudos. Liderados por

---

[247] GUTIÉRREZ, 1996, p. 58.
[248] LLOSA, 1981, p. 152.
[249] *Ibid.*, p. 137-139.
[250] *Ibid.*, p. 480.
[251] *Ibid.*, p. 480.

Beatinho, os seguidores mais íntimos celebram num ato heterodoxo, uma comunhão com os excrementos de Antônio Conselheiro, entendido primeiramente por Beatinho como um maná sagrado que deveria ser introduzido para uma suposta purificação. Com isso, Vargas Llosa tenta mostrar um dos últimos rituais de "fanatismo" compartilhado por Antônio Conselheiro e seus adeptos.

Depois da morte do beato cearense e da realização secreta do seu sepultamento, os seguidores que acompanharam os momentos finais decidem manter a versão que Conselheiro não havia morrido, mas, sim, subido aos céus, lenda que seria propagada posteriormente. Os detalhes da exumação do cadáver de Conselheiro são contados a partir do relato do jornalista míope. Assim como nas palavras finais de Euclides da Cunha, em *Os sertões*, a versão do jornalista míope sobre esse acontecimento está repleta de ironia:

> ¿Se imagina qué sentirían esos generales y coroneles viendo, por fin, el cadáver del enemigo de la República, del masacrador de tres expediciones militares, del desordenador del Estado, del aliado de Inglaterra y la casa de Braganza? [...] Luego de breve conciliábulo, se decidió decapitarlo, a fin de que la ciencia estudiara su cráneo. Lo traerían a la Facultad de Medicina de Bahía, para que lo examinara el Doctor Nina Rodríguez.[252]

Outro aspecto na fala da personagem do jornalista que se aproxima ao texto euclidiano diz respeito à descrição física e das vestes de Antônio Conselheiro. Novamente são relatados detalhes da sua aparência física (1,68 cm de altura, corpo esquelético) e da sua vestimenta (túnica roxa e sandália de couro). A mesma imagem mostrada no início do romance volta a se repetir no final, o que fortalece ainda mais a imagem do Conselheiro estático, que nem mesmo com a morte havia modificado.

Uma análise do processo de elaboração de *La guerra del fin del mundo* permite-nos perceber algumas particularidades que devem ser evidenciadas. Ao recordar a história de Canudos, Vargas Llosa retomou a problemática muito cara à história da América Latina: o embate entre civilização e barbárie. Reavaliar o tema evidenciado por Euclides da Cunha, no final do século XIX, para o contexto das décadas de 1970-1980, a partir de outras nuances, foi a tentativa de indicar que a questão não

---

[252] *Ibid.*, p. 431-432.

estava superada ou resolvida no continente. Em outras palavras, assim como Euclides, o literato peruano também teve motivações políticas para revisitar o tema da Guerra de Canudos.

Outro aspecto intimamente ligado às motivações políticas da escrita de *La guerra del fin del mundo* e que também merece destaque é a condenação ao fanatismo (um dos símbolos da barbárie), ou melhor, aos fanatismos, vistos por Vargas Llosa como uma espécie de cegueira total que leva à distorção da realidade e causa os mais trágicos resultados.

Seymor Menton aponta a ascensão do *Sendero Luminoso*, no final da década de 1970 e início dos anos 1980, no Peru, como um dos fatores que levaram o escritor peruano a fortalecer os argumentos sobre os perigos do fanatismo. Essa parece ter sido a percepção que o escritor peruano teve da Guerra de Canudos, um episódio em que um grupo de camponeses foi dizimado pelo exército republicano, justamente por causa do fanatismo que imperava em ambos os lados. Circunscrita em um desconhecimento mútuo, transformou-se em uma guerra civil brasileira – mas incluída também no rol das grandes tragédias e mal--entendidos da história latino-americana.[253]

Em *La guerra del fin del mundo*, esse mal-entendido generalizado acaba afetando todos os lados da história, perpassando a dicotomia os conselheiristas *versus* republicanos. Desse modo, pode ser percebido, também, nos diálogos entre Galileu Gall e o rastejador Rufino, quando ambos não conseguem se entender. Nesse exemplo, Vargas Llosa utiliza os elementos da língua e da cultura como exemplo desse estranhamento mútuo, provocado pelo fanatismo de cada personagem. Sobre esses e os outros fanáticos, um dos principais personagens do romance de Vargas Llosa comenta que: "Eran fanáticos – dijo el Barón, consciente del desprecio que había en su voz. El fanatismo mueve a la gente a actuar así. No son razones elevadas, sublimes, las que explican siempre el heroísmo. También, el prejuicio, la estrechez mental, las ideas más estúpidas".[254]

Conforme assinalamos, a figura utilizada por Vargas Llosa como seu porta-voz ideológico é a personagem barão de Canabrava, devido às suas várias virtudes, como ter uma visão privilegiada sobre os eventos.

> Una [...] visón que sobresale entre todas las démas, sin ser neutralizada y que conoce la historia desde casi todos los

---
[253] MENTON, 2012, p. 2.
[254] LLOSA, 1981, p. 474-475.

> ángulos, interpretándonosla y extrapolándola al siglo XX, como Vargas Llosa, es la del barón de Cañabrava ¿Significa esto que Vargas Llosa, como el Barón, se ha quedado rezagado en una visión anacrónica? ¿És que el fin del mundo es el fin de su proprio mundo?[255]

Para ele, a Guerra de Canudos foi uma história de loucos, de equívocos de todas as partes, que acabou mudando bruscamente o seu mundo. Depois de Canudos, Canabrava acabou perdendo boa parte dos bens, o poder político, o prestígio e também a mulher, que acabou enlouquecendo. No final da história, o barão pretende esquecer totalmente Canudos e lutar contra qualquer forma de ressuscitar aqueles eventos trágicos.

Nesse contexto de mudanças, outra personagem bastante modificada pela guerra, o jornalista míope acaba também reconhecendo os equívocos que cercaram a história de Canudos e as mudanças ocorridas em sua personalidade ao ter contato com esses eventos. Por esse motivo, ao contrário do barão de Canabrava, o repórter pretende resgatar a história da guerra "sem sentido", para que ela não se perdesse da memória social. Ao escrever sobre Canudos, ele intentava, ainda, mostrar como várias "mentiras" reproduzidas na imprensa tornaram-se "verdades" e acabaram distorcendo os fatos. Após a guerra, a missão dessa personagem resume-se em buscar uma objetividade na história de Canudos em meio a um emaranhado de fábulas e versões contraditórias.

A busca do jornalista míope pode ser compreendida como o processo inverso almejado por Vargas Llosa ao escrever sua versão literária sobre Canudos e Antônio Conselheiro. Em *La guerra del fin del mundo*, o que o escritor peruano apresentou aos leitores foi justamente a dificuldade de alcançar objetividade em um fato histórico, dispondo, em um mesmo plano, várias versões, histórias e lendas sobre o tema. Dessa forma, Vargas Llosa faz uma crítica a todos que, testemunhas oculares ou não, tentaram explicar Canudos a partir de apenas um ponto de vista.

Acreditamos que essa foi uma das razões para Vargas Llosa buscar um caminho diferente na construção de sua versão sobre o Conselheiro. Ao mesmo tempo em que, assim como Euclides, manteve o fanatismo como principal característica do beato, o escritor peruano buscou elaborar uma imagem mais humana do líder de Canudos. No romance, Antônio Conse-

---

[255] FERNANDES, Rinaldo de. Os Sertões na leitura de Mario Vargas Llosa: quatro personagens de *La guerra del fin del mundo*. In: **O Clarin e a oração**: cem anos de Os sertões. p. 47.

lheiro é o santo, o "enviado dos céus", mas também o grande patriarca dos jagunços de Canudos, o único enunciador do discurso que eles compreendem. Mesmo não sendo o protagonista da história – mais uma inversão feita por Vargas Llosa no romance –, são suas ações que desencadeiam os feitos da história de Canudos na versão do literato peruano.

3

ENTRE A LITERATURA E A HISTÓRIA: REPRESENTAÇÕES DE ANTÔNIO CONSELHEIRO

> *Não é possível entender a Guerra de Canudos sem o Conselheiro. Mas, apesar dos mares de tinta que fez correr, ninguém, nem mesmo Euclides, conseguiu entendê-lo integralmente, captar por completo a alta e furtiva silhueta do Conselheiro. Por isso, ele sempre foi, e continuará a ser, um fogo-fátuo permanente, atrás do qual corre, sem direção, a ambição romanesca.*
> *(Mario Vargas Llosa, 1997)*

3.1 INTERSEÇÕES ENTRE EUCLIDES DA CUNHA E VARGAS LLOSA

A influência que Euclides da Cunha exerceu sobre Vargas Llosa é notável sob vários aspectos. Apesar de escreverem tipos diferentes de narrativas, tanto no ensaio euclidiano quanto na versão romanesca do escritor peruano, a Guerra de Canudos foi compreendida e elaborada pelas respectivas ideologias que acreditavam no momento. Consequentemente, as imagens construídas sobre Antônio Conselheiro refletem as crenças ideológicas e as convicções políticas e literárias defendidas por ambos os escritores estudados.

Euclides, por exemplo, apoiado nos conhecimentos científicos da época, tentou mostrar que o progresso anunciado pela República prenunciava uma colonização cultural nos sertões do país.

> [...] o objetivo mais premente seria a incorporação do sertão e de sua gente aos núcleos ativos da vida civil e econômica estabelecidos no litoral e nos grandes centros urbanos. O que implicaria a difusão em toda amplitude daquelas paragens, da educação escolar e do amparo legal do Estado, estabelecendo uma justiça maior nas relações contratuais de trabalho e garantindo o pleno direito de cidadania às populações sertanejas.[256]

---
[256] SEVCENCO, 2003, p. 181.

Segundo Sevcenko e Walnice Galvão, o "escritor-caboclo" compreendiam que a distância entre litoral e sertão seria vencida com o auxílio da educação.[257] Mesmo reconhecendo a campanha contra Canudos como um ato de barbárie, Euclides tentou justificar a destruição da "urbs monstruosa" como um mal necessário. Embora entendesse que a campanha militar contra Canudos tivesse boas intenções não havia menor dúvida de que tinha sido mal conduzida.[258]

Já Vargas Llosa abordou Canudos como um evento confuso, repleto de mal-entendidos que foram gerados e alimentados por um cenário de fanatismos e intolerâncias.[259] Ao contrário do escritor caboclo, que buscou enfatizar o mundo republicano em *Os sertões*, o autor de *La guerra del fin del mundo* destacou o mundo sertanejo como o principal núcleo do romance. "Em Vargas Llosa, o universo da cultura popular emerge, à medida que o sertanejo passa a ter existência própria com vontades, anseios, linguagem, algo que não existe em Euclides da Cunha, já que os sertanejos manifestam-se apenas no discurso do narrador do livro vingador".[260]

Analisando *La guerra del fin del mundo*, podemos perceber outras diferenças em relação ao seu principal hipotexto, *Os sertões*. No livro-vingador, Euclides da Cunha tentou explicar a Guerra de Canudos utilizando um narrador sincero, que conta a história a partir de um único ponto de vista, por meio de um discurso centralizador e dominante, sendo, ao mesmo tempo, homogêneo (do ponto de vista do narrador) e heterogêneo (no que diz respeito ao conjunto dos conhecimentos que dispõe).[261] Em sua narrativa, Euclides, que mesclava o romantismo do século XIX e o cientificismo do XX, buscou um estilo que, pelos mais variados tipos de conhecimento (geografia, história, psicologia), abdicasse da "ficção que envolvesse a imaginação de enredos literários tradicionais".[262]

De acordo com Sevcenko, a narrativa euclidiana é marcada também pelo diálogo da literatura com o discurso científico.[263] Essa característica contribuiu para a criação de um estilo próprio de escrita, que englobava vários tipos de conhecimento, que o diferenciava dos seus contemporâneos:

---

[257] GALVÃO, 2008, p. 293.
[258] CUNHA, Euclides da. **Os sertões**: campanha de Canudos. São Paulo: Abril Cultural, 1982. p. 262.
[259] REGO, 2008, p. 14
[260] *Ibid.*, p. 14
[261] *Ibid.*, p. 121.
[262] SEVCENCO, 2003, p. 156.
[263] *Ibid.*, 161.

"Síntese entre literatura e ciência, combinação de estéticas, cruzamento de gêneros, oposições de estilos, sua obra parece ressudar tensões por inteiro".[264]

Nessa análise materialista, "historicista e amoral", a preocupação estética e social de estar informando os fatos levou Euclides da Cunha a rechaçar qualquer classificação de sua obra como ficção e a enfatizar o caráter científico da mesma.[265] No discurso proferido durante a posse na Academia Brasileira de Letras, em 18 de dezembro de 1906, o autor de *Os sertões* reforçou algumas das convicções expostas:

> [...] me desviei sobremodo dessa literatura imaginosa, de ficções, onde desde cedo se exercita e se revigora o nosso subjetivismo, tão imperioso por vezes que faz o escritor um minúsculo epítome do universo, capaz de o interpretar a priori, como se tudo quanto ele ignora fosse apenas uma parte ainda não vista de si mesmo.[266]

Mario Vargas Llosa, por sua vez, em *La guerra del fin del mundo* prioriza a multiplicidade de pontos de vista, conferindo ao narrador onisciente uma voz descentralizadora na qual várias vozes se cruzam, criando o efeito de heterogeneidade discursiva.[267] Utilizando as técnicas do romance moderno e também mecanismos utilizados pelas culturas de massa, como o rádio e cinema, obviamente, o escritor peruano buscava atingir o grande público.[268]

Outro fator importante que diferencia os escritores estudados diz respeito ao estatuto dos seus respectivos discursos. Euclides da Cunha sempre buscou enfatizar o caráter científico do seu relato, "sem dar crédito as primeiras testemunhas que encontrei, nem as minhas impressões pessoais, mas narrando os acontecimentos de que fui expectador, ou sobre os quais tive informações seguras".[269] Entretanto devemos atentar que embora o discurso científico tenha um lugar de destaque no conjunto da narrativa euclidiana, o diálogo com a ficção foi bastante discutido pelos

---

[264] *Ibid.*, p. 162.

[265] *Ibid.*, p. 156.

[266] CUNHA, Euclides da. Prefácios e críticas. EUCLIDESITE. Obras de Euclides da Cunha. Discursos e entrevistas. São Paulo, 2020. Disponível em: https://euclidesite.com.br/obras-de-euclides/discursos-e-entrevistas/. Acesso em: 12 ago. 2024.

[267] REGO, 2008, p. 121.

[268] REGO, 2010, p. 49-50

[269] CUNHA, Euclides da. **Canudos**: diário de uma expedição. São Paulo: Martin Claret, 2006. p. 136.

críticos e estudiosos do tema. Desse modo, como nos informa Raimundo N. P. Moreira, a questão da ontologia discursiva de *Os sertões* vêm sendo alvo de discussões pelos críticos desde a sua publicação, em 1902.[270]

De acordo com Afrânio Coutinho, por exemplo, *Os sertões* caracteriza-se como uma obra de ficção do ponto de vista narrativo e estilístico, já que na em concepção, Euclides da Cunha, foi um mestre – tal qual os romancistas – na criação e na apresentação de "tipos humanos" e diferentemente dos que classificam sua obra como ensaio histórico e sociológico, o engenheiro-escritor não utilizou os métodos do historiador – "não tem a objetividade, a fidedignidade aos fatos, a imparcialidade, o respeito ao documento, característicos ao método histórico", construindo desse modo um "romance-poema-epopeia".[271]

Por outro lado, é importante ressaltar que Olímpio de Souza Andrade, mesmo reconhecendo o imaginário como componente da narrativa de *Os sertões*, destacou que Euclides "apoiou-se em dois trinômios" para contar a história da Guerra de Canudos: "a) sinceridade, verdade e arte; b) linguagem poesia e imaginação".[272] Segundo Moreira, a interpretação de Coutinho está fundamentada na ideia de que Euclides escreveu um relato histórico de acordo com suas concepções, que incluíam um amplo diálogo com imaginário e com vários tipos de conhecimento.[273]

Berthold Zilly explica que um dos grandes méritos de *Os sertões* seria o hibridismo de textual:

> O que explica, então, o extraordinário êxito de *Os sertões* junto ao público letrado, à opinião pública, aos críticos literários e aos próprios historiadores que, durante décadas, deixaram de empreender pesquisas de maior vulto sobre Canudos, uma vez que Euclides teria escrito o livro definitivo sobre o assunto? Talvez um dos motivos seja, justamente, o caráter abrangente da obra, que pode ser encarada como *summa*. Outro é sua indefinição, ou melhor, a multiplicidade de gêneros literários que condensa, sua capacidade de congregar as mais variadas informações, atitudes, formas de enunciação – relatos, poemas, pichações de paredes, artigos e livros sobre a guerra –, incorporando, portanto, vários tipos de texto: crônica, lenda, depoimento, diário,

---

[270] MOREIRA, 2009, p. 287-308.
[271] *Ibid.*, p. 289.
[272] *Ibid.*, p. 290.
[273] *Ibid.*, p. 290.

> tratado geográfico, etnográfico e historiográfico, formas populares simples e ainda romance, ensaio, discurso forense e político, oração fúnebre, tudo amalgamado num estilo relativamente coeso, próprio, inconfundível. O livro reúne as três formas básicas da literatura – a epopeia, o drama e a lírica –, como têm apontado muitos críticos, enfatizando principalmente os traços de epopeia e tragédia.[274]

Ainda de acordo com Zilly, a consagração de *Os sertões* na literatura nacional e universal deve-se à sua relação entre ciência e literatura ou o "consórcio da ciência e da arte" e não pelo seu valor "documental ou historiográfico".[275]

Para Moreira, essa relação entre história e imaginário no livro-vingador justificaria

> [...] a referência de Euclides ao narrador sincero de Taine – aquele que se irritava com os autores que não alteravam nem uma data nem uma genealogia, mas desnaturavam os sentimentos e os costumes; que guardavam o desenho dos eventos e mudam a sua cor, que copiavam os fatos e desfiguram a alma.[276]

Entendendo *Os sertões* a partir de outro viés, Franklin de Oliveira classificou-o como "ensaio de crítica histórica" que naturalmente tem uma "dimensão artística", negando a assertiva que considera *Os sertões* como obra de ficção. Ele prefere enquadrá-lo como um "livro que se constituiu, na mescla de arte e ciência, sob o signo da fantasia exata".[277]

Berthold Zilly, por sua vez, compreende *Os sertões* como "uma obra de arte totalizadora", no qual acontece "uma alternância de ciência literarizada e literatura escrita com certo rigor científico" em que "Euclides da Cunha lança mão de métodos e recursos não científicos para conhecer e representar o caráter paradoxal da guerra".[278]

Se *Os sertões* geram grandes polêmicas em relação à definição do gênero predominante da sua narrativa, mesmo com as intenções cientificistas de Euclides, Vargas Llosa, por sua vez, sempre fez questão de afirmar que sua obra é uma ficção e que pretendia mentir com conhecimento de causa, como explicou em carta a José Calasans:

---

[274] ZILLY, 1998. p. 14.
[275] *Ibid.*, p. 14-15.
[276] MOREIRA, 2009, p. 290.
[277] *Ibid.*, p. 293.
[278] ZILLY, 1998, p. 15.

> Me imagino que le habrá sorprendido mi audacia, a usted que es un gran especialista en el tema, de querer ocuparme en una novela de Canudos. En realidad no soy tan insensato como para pretender escribir nada histórico sobre ese episodio. Todo nació del entusiasmo que me produjo leer hace cinco años "Os Sertões" de Euclides da Cunha y de guion cinematográfico que escribí para Ruy Guerra. La historia se ocupa de Canudos solo como un telón de fondo de personajes y sucesos imaginarios.[279]

Em relação à dicotomia civilização versus barbárie, que também aparece nas duas obras, há pontos de proximidade e distanciamento entre os dois autores. Para Euclides, a civilização estava diretamente relacionada à implantação da República e o seu desenvolvimento, afinal de contas, seria esse regime salvador que realizaria as grandes mudanças sociais que o Brasil precisava, alinhando o país ao progresso, mediante uma europeização dos nossos costumes. Para Euclides, a República cumpriria a missão de "eliminar os privilégios de origem e de deixar aflorar os talentos dispersos pelas camadas sociais, através de um minucioso processo de filtragem democrática, conduzindo-os ao topo do mecanismo de decisões".[280]

Todavia é importante salientar que Euclides refletiu sobre essa condição da República como agente da civilização e seu papel frente às populações do sertão:

> Vivendo quatrocentos anos no litoral vastíssimo, em que palejam reflexos da vida civilizada, tivemos de improviso, como herança inesperada, a República. Ascendemos, de chofre, arrebatados na caudal dos ideais modernos, deixando na penumbra secular em que jazem, no âmago do país, um terço da nossa gente. Iludidos por uma civilização de empréstimo; respigando, em faina cega de copistas, tudo o que de melhor existe nos códigos orgânicos de outras nações, tornamos, revolucionariamente, fugindo ao transigir mais ligeiro com as exigências da nossa própria nacionalidade, mais fundo o contraste entre o nosso modo de viver e o daqueles rudes patrícios mais estrangeiros nesta terra do que os imigrantes da Europa. Porque não no-los separa um mar, separam-no-los três séculos.[281]

---

[279] Correspondência de Vargas Llosa a José Calasans, 15/05/1979. Lima-Peru. SILVA, José Calasans B da. *In*: **O Ciclo Folclórico do Bom Jesus Conselheiro**: contribuição ao estudo da Campanha de Canudos. Salvador: Tipografia Beneditina Ltda, 1950.

[280] SEVCENKO, 2003, p. 178.

[281] CUNHA, 1982, p. 152-153.

Esse trecho de *Os sertões*, no qual Euclides discute a ineficiência do projeto modernizador republicano em relação à grande parte da população do Brasil que vivia nos sertões, Antônio Conselheiro e seus sequazes aparecem como opositores da República, não no que dizia respeito às questões políticas, mas no tocante à ideia que creditava ao novo regime político um caráter herético, identificando-o como "o Anti-Cristo".[282]

Fica evidenciado também o desejo de Euclides em relacionar a Guerra de Canudos ao atraso e à barbárie. "Tivemos, inopinadamente, ressurreta e em armas em nossa frente, uma sociedade velha, uma sociedade morta, galvanizada por um doido".[283]

Rogério Souza Silva consubstancia essa ideia explicando que

> [...] as relações que o autor procurou construir entre o arcaico, o atraso e o irracionalismo e a imagem de Antônio Conselheiro. O beato, na ótica euclidiana, é a materialização das sombras, das monstruosidades e das permanências do passado colonial e imperial. O desejo de ruptura com o passado, que Euclides da Cunha expressa com grande força, está diretamente relacionado ao programa político da República.[284]

Para Silva, Antônio Conselheiro era o catalisador de "todos os medos da República" e, por isso, um grande incômodo para a elite republicana que almejava um ideal modernizador para o país.[285] Nesse anseio por um país moderno, era imprescindível para Euclides "criar um saber próprio sobre o Brasil", por isso os "mosqueteiros intelectuais" da Primeira República enfatizavam a importância de conhecer todo o território nacional, inclusive o interior, mediante um:

> [...] mergulho profundo na realidade do país a fim de conhecer-lhe as características, os processos, as tendências e poder encontrar um veredicto seguro, capaz de descobrir uma ordem no caos do presente, ou pelo menos diretrizes mais ou menos, evidentes, que permitiriam um juízo concreto sobre o futuro.[286]

---

[282] *Ibid.*, p. 153.
[283] *Ibid.*, p. 152.
[284] SILVA, Rogério S. **Antônio Conselheiro**: a fronteira entre a civilização e a barbárie. São Paulo: Annablume, 2001. p. 238.
[285] *Ibid.*, p. 238.
[286] SEVCENKO, 2003, p. 106.

Dessa forma, o atraso e a barbárie, materializados pelo arcaísmo das estruturas da nação, herdadas do império – como os retrocessos científico, educacional e socioeconômico, além das crenças e valores da cultura popular –, seriam vencidas pelo desenvolvimento da República e a concretização do projeto de implantação do Estado-nação.[287] Mas é necessário enfatizar que em alguns momentos Euclides apresentou-se como crítico dos descaminhos do regime republicano e sua ambição modernizadora.[288]

Para Vargas Llosa, o retorno, nos anos de 1980, a essa questão que acompanha a história do continente americano desde a colonização, significou uma reflexão sobre a condição das repúblicas latino-americanas como países do "Terceiro Mundo". Na visão de Vargas Llosa, a maioria desses países – onde imperava os governos ditatoriais (de esquerda e de direita) que promoviam as mais diferentes formas de barbárie – deveria passar por uma complexa modernização das suas estruturas, o que possibilitaria uma transição para uma cultura democrática, em que a liberdade imperaria na sua quase plenitude.

> No debemos dejarnos intimidar por quienes quisieran arrebatarnos la libertad que hemos ido conquistando en la larga hazaña de la civilización. Defendamos la democracia liberal, que, con todas sus limitaciones, sigue significando el pluralismo político, la convivencia, la tolerancia, los derechos humanos, el respeto a la crítica, la legalidad, las elecciones libres, la alternancia en el poder, todo aquello que nos ha ido sacando de la vida feral y acercándonos – aunque nunca llegaremos a alcanzarla – a la hermosa y perfecta vida que finge la literatura, aquella que sólo inventándola, escribiéndola y leyéndola podemos merecer.[289]

Podemos perceber que essas propostas civilizatórias e liberais, amadurecidas no período que escrevia *La guerra del fin del mundo*, compõem o entendimento que o escritor peruano tinha sobre civilização e barbárie. Contudo é importante salientar que durante sua trajetória pessoal, Vargas Llosa mudou suas perspectivas sobre essa questão. Se na década de 1960 entendia que o caminho rumo à modernidade do Peru, e da América

---

[287] *Ibid.*, p. 96-107.
[288] GALVÃO, 2008, p. 293.
[289] LLOSA, Mario Vargas. **Mario Vargas Llosa**: elogio de la lectura y la ficción – Discurso Nobel. Estocolmo: Fundação Nobel, 2010, p. 3.

Latina, passava pela derrubada do sistema capitalista, na década de 1980, essas veredas deveriam vencer a miséria e a pobreza, integrando-se aos mercados globalizados.[290]

O conceito de civilização do literato peruano está atrelado – desde o período que assumiu ser democrata e liberal, na década de 1970 – a um conjunto de fatores que englobam: desenvolvimentos social e econômico, liberdade política de modo geral, pluralismo de opinião (imprensa livre), tolerância e direitos humanos. A barbárie – que para Vargas Llosa é sempre estimulada e disseminada pelo fanatismo – é representada justamente por uma série de elementos (governos ditatoriais e totalitários, censuras, ideias extremistas) que tentam impedir a concretização desse estágio de modernização. Entendo, também, que para o escritor peruano, o caminho da civilização peruana e latino-americana deveria necessariamente passar pelos influxos da liberdade e da tolerância.

Como o próprio Vargas Llosa afirmou em entrevistas, a descoberta da América Latina aconteceu quando ele vivia na Europa, sendo fortalecida pela leitura de escritores como Jorge Luis Borges (1899-1986), Octavio Paz (1914-1998) e Gabriel Garcia Márquez, ajudando a desmistificar uma ideia estereotipada: "América Latina no era sólo el continente de los golpes de Estado, los caudillos de opereta, los guerrilleros barbudos y las maracas del mambo y el chachachá, sino también ideas, formas artísticas y fantasías literarias que trascendían lo pintoresco y hablaban un lenguaje universal".[291]

Outro ponto em comum entre os autores estudados diz respeito aos seus papéis de resgatadores da história e da memória de Antônio Conselheiro e Canudos. Em *La guerra del fin del mundo*, essa função é desempenhada pelo jornalista míope, personagem que poderíamos entender como uma mescla das personalidades de Vargas Llosa e Euclides da Cunha. Assim como esses autores, o "jornalista míope" lança-se num árduo processo de investigação documental sobre o tema: "De ahí que al hablar del periodista miope las referencias a E. Cunha sean pertinentes. A esta práctica corresponde también la de Vargas Llosa al utilizar datos históricos en su novela que gravitan muy significamente sobre la apropiación que hace el novelista de sus fuentes".[292]

---

[290] GRANÉS, Carlos. Uma luta instintiva pela liberdade. *In*: LLOSA, Mario Vargas. **Sabres e utopias**: visões da América Latina. Rio de Janeiro: Objetiva, 2010. p. 17-19.

[291] LLOSA, 2010, p. 4.

[292] BERNUCCI, 1989, p. 86.

Semelhantemente ao que aconteceu com Euclides da Cunha, que antes de fazer a cobertura dos acontecimentos em Canudos era um engenheiro e jornalista com uma visão bastante limitada sobre Antônio Conselheiro e Canudos, transformou-se, depois, em um intelectual de renome em todo país, afinal soube, ao contrário de muitos, reavaliar sua forma de pensar, mudando sua opinião ("ao comprovar que os fatos objetivos faziam esboroar as suas convicções políticas"[293]). O jornalista míope sintetiza, em parte, essas transformações na personalidade do escritor de *Os sertões*: "Canudos ha cambiado mis ideas sobre la historia, sobre el Brasil, sobre los hombres. Pero, principalmente, sobre mí".[294]

No final do romance, com a missão de tentar escrever um livro sobre a história da guerra que "abalou" completamente sua vida e a de todo o país, para o jornalista míope, mesmo com pretensões de explicar as várias contradições do conflito e tentar resgatar resquícios de objetividade: "Erraríamos si pensásemos que va a ofrecer una versión objetiva y limpia de los hechos sin hacerse proclive a lo imaginario porque la veracidad de los hechos, desde luego, no es su fuerte 'cierta o falsa, es una historia extraordinaria'".[295]

Vargas Llosa utiliza essa personagem, riquíssima e central na história do romance, para expressar, como já dissemos, algumas das suas convicções ideológicas. Uma delas pode ser sintetizada na frase: "Canudos no es una historia, sino un árbol de historias".[296] Ou seja, essa percepção do jornalista míope – que é, também, em parte a de Vargas Llosa – classifica o ocorrido em Canudos como um conflito confuso, mal-explicado e que por esse motivo gerou uma série de versões contraditórias.

Dessa forma, a empreitada do jornalista míope de tentar escrever um livro sobre a guerra traz consigo a concretude dessa diversidade de explicações e contradições existentes, por isso esse intento tende a aproximar-se muito da ficção, devido, justamente, às lacunas existentes, espalhadas por todas as partes. Através da escrita "única manera que se conservan las cosas",[297] o jornalista míope, totalmente mudado após a guerra, municiado com sua experiência de ter estado em Canudos, mesmo sem enxergar, bem como do arsenal formado por tudo que havia

---

[293] LLOSA, Mario Vargas. A guerra de Canudos: história e ficção. *In*: LLOSA, Mario Vargas. **Sabres e Utopias**. p. 132.
[294] LLOSA, 1981, p. 401.
[295] BERNUCCI, 1989, p. 86.
[296] LLOSA, 1981, p. 433.
[297] *Ibid.*, p. 341.

sido escrito sobre o assunto, iria lutar, com todas as suas forças contra o esquecimento que as autoridades políticas e econômica queriam impor.

3.2 REPRESENTAÇÕES DE CONSELHEIRO: UM BALANÇO

Apesar de estarem separados pelo tempo, espaço (Brasil/Peru), ideologias e das diversas antinomias, Euclides da Cunha e Vargas Llosa são pesquisadores e narradores das histórias de Canudos e do Conselheiro. Ambos se utilizaram das variadas referências existentes sobre o tema (textos jornalísticos, literários, memorialísticos e históricos, relatos oficias e não oficiais) para cada um, à sua maneira, concepção político-ideológica, estilo narrativo e literário, criarem suas versões de Belo Monte e do seu líder.

Mesmo com esses contrastes, tanto em *Os sertões*, como em *La guerra del fin del mundo*, Antônio Conselheiro aparece como figura de destaque em suas respectivas narrativas. Cercado de mistério, lendas e histórias, o Conselheiro apresenta-se nas duas obras como um indivíduo complexo, sobre o qual os autores citados tiveram que empreender uma ampla e diversificada pesquisa – composta de textos escritos de variadas naturezas, depoimentos orais, lendas populares – que fez surgir uma personagem interessante e imprescindível para o entendimento da guerra em seus vários aspectos.

Para Euclides da Cunha, Conselheiro foi, realmente, um fanático, mas não um simples fanático como pintava os republicanos exacerbados. Ainda que tenha reformulado, várias de suas teses, o engenheiro-escritor manteve muito das suas impressões iniciais sobre o líder de Belo Monte. Contudo um fator importante para destacar é o potencial narrativo, que habilmente Euclides da Cunha reconheceu no beato cearense e utilizou para compor sua imagem em *Os sertões*. Porém é necessário ressaltar que esse potencial romanesco de Conselheiro foi percebido por outros contemporâneos de Euclides da Cunha, como Machado de Assis e Afonso Arinos.[298]

Dessa maneira, como já dito anteriormente, simpatizo com a ideia de Roberto Ventura de que, em *Os sertões*, Antônio Conselheiro é uma personagem criada por Euclides da Cunha, baseada em uma pesquisa investigativa que durou cinco anos. Mas como afirma Mario Cesar Carvalho, outro influxo importante da ideia de Ventura é a que enquadra o fundador de Belo Monte "como uma projeção psicanalítica" de Euclides:

---
[298] ASSIS, Machado, 1897, p. 183.

Roberto ousa um pouco mais ao realocar o Conselheiro como uma projeção dos piores fantasmas de Euclides. O Conselheiro era alfabetizado, uma raridade para os padrões do Nordeste brasileiro do século XIX, e defensor de um cristianismo primitivo. O personagem que aparece Em *Os sertões*, como um fanático religioso desafiando a nova ordem da República seria uma projeção de Euclides ao ver os descaminhos do novo regime [...]. O fanático que acabou se transformando em personagem histórico é uma construção literária do escritor. Sem a descrição fascinada de Euclides, talvez o Conselheiro não passasse de mais um pálido mártir.[299]

Concordando com a ideia de Antônio Conselheiro como uma criação literária de Euclides da Cunha em *Os sertões*, Rogério Souza Silva explica que esse intento do escritor carioca não esboçava "um compromisso com uma visão de verdade histórica, típica do século XIX".[300] Ainda de acordo com Silva, a descrição feita por Euclides da Cunha foi bastante influenciada pelo romantismo, classificando o Conselheiro como uma espécie de "anti-herói" da modernidade: "[...] Era inadmissível, na visão euclidiana, que Conselheiro pudesse ter um caráter moderno e civilizador".[301]

É necessário ressaltar que apesar de toda sua importância na construção de um Conselheiro romantizado, o escritor brasileiro agiu com a intenção de tentar desvendar o mito por trás da figura histórica, a fim de livrá-lo, com isso, das amarras do mistério que o circundava, por meio, como já foi falado, "de uma narrativa objetiva dos acontecimentos e o distanciamento emocional e temporal dos eventos relatados".[302] Outro aspecto importante do seu procedimento narrativo em *Os sertões* são seus objetivos: ser defensor dos sertanejos, denunciante de um "crime" e, ainda, narrador oficial daquele evento, evitando, dessa forma, seu esquecimento.[303]

Desse modo, a dimensão de historiador e biógrafo emerge com força, dando lugar a uma escrita que realiza um verdadeiro mergulho na trajetória de Antônio Vicente Mendes Maciel (antecedentes, infância, adolescência, idade adulta, transformação em beato e fundador de uma comunidade de sertanejos). Obcecado pela ideia segundo a qual Antônio

---

[299] VENTURA, Roberto. Retrato interrompido da vida de Euclides da Cunha, 2003, p. 14-15.
[300] SILVA, 2001, p. 237.
[301] *Ibid.*, p. 239.
[302] MOREIRA, 2009, p. 248.
[303] *Ibid.*, p. 249.

Conselheiro era um "monstro fanático", um anacronismo ambulante, Euclides da Cunha moveu todos os conhecimentos de que dispunha – sociologia, geologia, história, lendas – para fortalecer sua tese, terminando, com isso, por ajudar na disseminação de uma imagem negativa do Conselheiro. Mas devemos reconhecer que toda a descrição pejorativa que o escritor apresenta estava em sintonia com suas convicções ideológicas: positivistas e deterministas.

De acordo com Sevcenko, a influência do positivismo é notável em vários aspectos dos seus ideais e anseios:

> Não é difícil avaliar o quanto seus projetos devem às linhas gerais da sua formação positivista. O papel central do Estado, concentrando e desprendendo ordenadamente as energias sociais. A convergência das decisões para uma elite técnica e científica. A função atribuída à politica de estabelecer a solidariedade social [...]. O papel integrador da educação e do direito e do esforço obstinado pela incorporação das classes populares à vida civil. A crença definitiva no futuro estabelecimento de uma perfeita solidariedade universal, envolvendo por inteiro a humanidade.[304]

Rogério Souza Silva destacou que a criação do Conselheiro "anti-herói" é uma imagem que se opõe aos conceitos mais ansiados pelas elites da época: civilização e modernidade. Essa construção, influenciada também pelas ideias positivistas de Euclides, pode ser visualizada não apenas em *Os sertões*, mas na elaboração do diário de campo de Euclides da Cunha.[305]

Segundo Silva, influenciados por escritores como Vitor Hugo e Domingos Sarmiento – e suas respectivas preocupações em construir um Estado-Nacional –, Euclides enxergou o Conselheiro como uma espécie de "sombra do passado" ou, ainda, anti-herói, assim como foram os vendeanos para Hugo e o Facundo para Sarmiento.[306]

> Facundo exerce um papel na escrita de Sarmiento semelhante ao de Antônio Conselheiro em Euclides da Cunha ou dos camponeses da Vendeia em Vitor Hugo. É a personagem encarnando todos os males de uma nação. Essa semelhança insere Euclides no contexto da literatura latino-americana.[307]

---

[304] SEVCENKO, 2003, p. 181.
[305] SILVA, 2001, p. 237.
[306] *Ibid.*, p. 256.
[307] *Ibid.*, p. 255.

O certo é que continuo a acreditar na tese de que, apesar da quantidade de relatos sobre Antônio Conselheiro, por todos esses aspectos mostrados, a descrição de Euclides da Cunha é o que possibilitou a imortalidade memorialista desse indivíduo na história brasileira. Como explicou Zilly:

> É geralmente aceita a tese de que, não fosse o livro de Euclides da Cunha, a guerra de Canudos teria sido esquecida pelo grande público [...] apesar das críticas, em grande parte procedentes, a Euclides da Cunha – à parcialidade de seu depoimento, à falta de tratamento profissional das fontes que usou e ao caráter datado ou contraditório de muitas de suas avaliações –, raramente se fala sobre a guerra de Canudos sem se mencionar o escritor e seu livro.[308]

Quase um século após o final da guerra, o romancista peruano Mario Vargas Llosa toma como ponto de partida para a construção do seu romance sobre Canudos, muito dessas imagens criadas e recriadas por Euclides da Cunha. Em palestras e entrevistas sobre *La guerra del fin del mundo*, Vargas Llosa comentou repetidas vezes que uma das questões que mais instigou sua curiosidade – desde que começou a conhecer da história de Canudos – foi descobrir quem era o Conselheiro e o que ele significou para os homens e mulheres que o seguiam, que por ele e seus ideais deram a própria vida.[309]

Para além do estereótipo simplista do fanático ou do herói revolucionário – muito difundo pela historiografia das décadas de 1970-1980, principalmente, na obra *A guerra social de Canudos*, de Edmundo Moniz –, Antônio Conselheiro, na visão do escritor peruano, foi um indivíduo singular na medida em que tentou transformar, mediante uma das poucas ferramentas de que dispunha – o discurso sobre as crenças religiosas que acreditava –, as mazelas sofridas pelo povo do sertão (seca, fome, exploração) em bênçãos que os diferenciavam dos pecadores; em outras palavras, um sinal da sua salvação. Diferente dos moralistas habituais, o Conselheiro de Vargas Llosa não pregava palavras vazias, ele acreditava nas prédicas e, além disso, praticava os atos que fortaleciam suas crenças.[310]

Todo esse contexto apresentado contribuiu para que nas páginas de *La guerra del fin del mundo*, Vargas Llosa esboçasse uma narrativa que

---

[308] ZILLY, 1998, p. 13.
[309] LLOSA, Mario Vargas. A guerra de Canudos: história e ficção. *In:* LLOSA, Mario Vargas. **Sabres e Utopias**. p. 134-135.
[310] *Ibid.*, p. 135.

destacava a personalidade do homem que conquistou milhares de almas com o seu carisma, o seu poder de persuasão e a sua liderança. Todavia, diferentemente de Euclides da Cunha, o escritor peruano não descreve a trajetória do Conselheiro, antes, procura preservá-lo como uma personagem misteriosa e de difícil compreensão, não só para os seus seguidores e inimigos, mas também para os leitores do romance.

Em compensação, no tocante aos discípulos do beato, Vargas Llosa elaborou minuciosas biografias, ressaltando a importância do peregrino na transformação das suas vidas, fator que humaniza as personagens, ou seja, o inverso do que ocorreu com Euclides da Cunha, que pouco citou as trajetórias dos seguidores do fundador do arraial rebelde.

Em relação à construção das biografias dos jagunços em *La guerra del fin del mundo*, possivelmente, o escritor peruano, recebeu a influência dos estudos que José Calasans realizou ao longo da sua carreira. Em carta de Vargas Llosa endereçada ao intelectual sergipano, e em entrevista a Ricardo Setti sobre *La guerra del fin del mundo*, fica explícito que Calasans foi extremamente importante para a escrita do romance do escritor peruano, disponibilizando vários materiais, como livros e documentos da sua vasta biblioteca sobre o tema.[311]

Em 1982, Calasans sistematizou muito das suas ideias em relação ao estado-maior de Antônio Conselheiro e muitos outros personagens do arraial de Belo Monte, publicando, no jornal *A Tarde*, uma série de pequenos verbetes na seção "Quase biografias de jagunços", posteriormente reunidos no livro organizado pelo Centro de Estudos Baianos, *Quase biografias de jagunços: o séquito de Antônio Conselheiro* (1986).[312]

Vários desses personagens que são biografados por Calasans nessa obra estão presentes no romance de Vargas Llosa sobre Canudos, como Antônio Beatinho, João Abade, Pajeú, Antônio Vilanova e Leão de Natuba. Sobre este último, Calasans destacou sua presença acentuada em *La guerra del fin del mundo* como escriba de Antônio Conselheiro. "Não se trata de um tipo criado pelo romancista peruano, embora, naturalmente, o escritor

---

[311] Correspondência de Vargas Llosa a José Calasans. 15\05\1979. Lima-Peru. SILVA, José Calasans B da. *In: O Ciclo Folclórico do Bom Jesus Conselheiro*.
[312] SILVA, José Calasans. **Quase biografias de jagunços**: o séquito de Antônio Conselheiro. Salvador: Companhia Energética da Bahia; Universidade Federal da Bahia, 1986; NASCIMENTO, Jairo C. **José Calasans e Canudos**: a história reconstruída. Salvador: Editora da Universidade Federal da Bahia, 2008. p. 158.

houvesse recriado, a seu modo, a singular personagem. Leão de Natuba não foi conhecido cá fora nos tempos da guerra".[313]

Como projeto de escrita, Vargas Llosa admite sua intenção de ficcionalizar a história de Canudos e a trajetória do Conselheiro. Porém, esse empreendimento também significou para ele um rigoroso processo de pesquisa de fontes e documentos que durou cerca de cinco anos. Essa atenção aos fatos históricos foi essencial para que o escritor peruano criasse um romance complexo, mas que não atrapalha a fluidez da narrativa. O projeto de criação literária do Conselheiro e da história da Guerra de Canudos, com a escrita de *La guerra del fin del mundo*, foi alvo de ásperas críticas de historiadores brasileiros, como Luiz Alberto Moniz Bandeira (1935-) e, sobretudo, Edmundo Moniz (1911-1997).

Das críticas tecidas a Vargas Llosa e ao seu romance sobre a Guerra de Canudos, as que tiveram maior repercussão foram expostas por Edmundo Moniz e podem ser encontradas em duas fontes, ambas de 1982. Na revista *Encontros com a Civilização Brasileira*, há algumas críticas no artigo intitulado "Canudos: o suicídio literário de Vargas Llosa",[314] bem como no prefácio da reedição de *Canudos: a luta pela terra*.

Nesses escritos, Edmundo Moniz disparou uma série de críticas ao romance de Vargas Llosa, que podem ser classificadas como estéticas, ideológicas e historiográficas. Em relação às apreciações do caráter estilístico da obra, Moniz destacou que *La guerra del fin del mundo*, apesar de ser um romance realista, não conseguiu alcançar os objetivos almejados, sendo, dessa forma, "recheada" de "erros" estéticos:

> Vargas Llosa emprega a técnica realista para escrever *A guerra do fim do mundo*. Não há nenhuma originalidade no estilo. O livro se desenrola monotonamente, sem que se note qualquer coisa que realmente impressione. As cenas de violência parecem falsas e caricaturais, sem atingir a dramaticidade que deveriam ter. Chegam, por vezes, ser ridículas pela falta de vida, pela impossibilidade de dar-lhes um sentido verossímil. [...] Vargas Llosa poderá dizer que não pretendia escrever um livro de história e sim um romance tendo, portanto, a permissão de dar asas à sua fantasia pessoal. Mas os romances históricos têm seus

---

[313] SILVA, 1986, p. 57.

[314] MONIZ, Edmundo. **Canudos**: o suicídio literário de Vargas Llosa. Encontros com a Civilização Brasileira. Rio de Janeiro: Civilização Brasileira, 1982.

limites intransponíveis e, por isso mesmo, são romances históricos. Trata-se de harmonizar ficção com a história. Os diálogos, por exemplo, em sua maioria, têm fatalmente de ser imaginários; mas os fatos históricos devem ser respeitados em seus fundamentos.[315]

Como podemos notar, às críticas de caráter narrativo e estético foram acrescidos supostos equívocos históricos cometidos pelo escritor peruano. Mesmo que ele tenha afirmado desde o início do projeto de escrita que não pretendia escrever uma obra de cunho histórico, Moniz não releva o intento de Vargas Llosa. De acordo com o articulista, o principal equívoco histórico praticado pelo literato peruano foi apresentar Antônio Conselheiro e o seu arraial como monarquistas.

Essa visão, deduzida por Euclides antes de partir para o arraial sertanejo, é desfeita quando o correspondente de *O Estado de São Paulo* chega a Belo Monte e percebe outra realidade, em outras palavras, que tanto a República quanto a Monarquia eram abstrações difíceis de serem compreendidas pelos sertanejos e, devido a isso, o monarquismo não podia ser compreendido como fator impulsionador do movimento conselheirista, mas também não se pode negligenciar o seu caráter antirrepublicano, já que o Conselheiro entendia que a proclamação da República havia trazido muitos males para o povo do sertão, como a cobrança de impostos e o casamento civil.

Em meio ao arsenal de críticas contra *La guerra del fin del mundo*, a dimensão ideológica fica evidenciada principalmente no que concerne a uma disputa de memória em torno de Canudos e do Conselheiro. Ao denominar o romance vargalhosiano enfadonho, monótono e tendencioso, Moniz, como um intelectual vinculado ao marxismo, tentou defender a interpretação que buscava resgatar a história daquele evento como o maior movimento camponês do Brasil, que reivindicava, como a sua principal bandeira, a reforma agrária.[316]

Entendemos que essa interpretação, muito difundida por intelectuais de esquerda, como Rui Facó e Edmundo Moniz, baseava-se em alguns eventos, como o liderado por Antônio Conselheiro, referenciais históricos que contestaram a ordem vigente, insurgindo-se contra os opressores, o que seria um exemplo a ser transplantado para o contexto

---

[315] Ibid., p. 15.
[316] SILVA, José M. de O. Rever Canudos: historicidade e religiosidade popular. **Revista Textos de História**, v. 5, n. 1, p. 5-18, 1997.

da luta contra a ditadura militar brasileira (1964-1985), em prol do retorno ao governo democrático.

Acredito que um dos fatores que contribuíram para a aversão de Moniz e alguns intelectuais de esquerda a *La guerra del fin del mundo* diz respeito ao posicionamento político do escritor peruano. O historiador baiano deixou escapar sua repulsa ao liberalismo de Vargas Llosa quando questionou os motivos pelos quais o escritor peruano escolheu Canudos como tema de seu romance. Segundo Moniz, as intenções de Vargas Llosa eram nítidas: "denegrir o maior camponês do Brasil e a personalidade incomum de seu dirigente e condutor". Moniz perguntou ainda: "Por que preferiu reproduzir as falsidades existentes, em lugar de restaurar a verdade como se tem feito ultimamente?". E é ele mesmo quem dá o seu parecer: "a resposta deve estar na sua própria posição ideológica e política".[317]

Para além desse "espinhoso" debate, o trecho a seguir da resposta de Vargas Llosa aos posicionamentos de Edmundo Moniz faz-nos refletir sobre um aspecto interessante das representações do Conselheiro.

> [...] quando alguém investiga Canudos descobre que [o episódio] foi como uma espécie de pedra de toque, na qual o Brasil projetava suas fantasias, ambições e frustações políticas, culturais e históricas. Isso de tal forma que a verdade estrita sobre Canudos talvez nunca se possa conhecer, por que ela está como que mascarada ou superposta por interpretações que tem mais a ver com o que foi a evolução do Brasil desde então, do que com o próprio fato histórico.[318]

Não devemos nos esquecer da "cortina de fumaça" que, segundo Vargas Llosa, esconde a realidade de Canudos e não se configura como uma particularidade da história de Canudos e de Conselheiro. Contudo, quando o escritor peruano aponta para o paralelo existente entre evolução histórica do Brasil e as interpretações sobre o Conselheiro e Canudos, devemos ser mais cautelosos.

Até meados da década de 1950, a interpretação de Euclides da Cunha esboçada em *Os sertões*, dominava a produção intelectual sobre Canudos. Dessa forma, Antônio Conselheiro e seus seguidores foram vistos segundo uma análise que privilegiavam as categorias raciais e deterministas, muito difundidas no final do século XIX, e nas primeiras décadas do XX, pelas

---

[317] *Ibid.*, p. 18.
[318] SETTI, 1986, p. 44.

elites republicanas da época. Já com a renovação historiográfica sobre o tema iniciada nas décadas de 50 e 60 e com uma nova conjuntura sociopolítica no Brasil, com o golpe militar de 1964, o tema Canudos ganhou outra conotação: a de movimento social engajado contra uma ordem opressora e mantenedora das desigualdades. Antônio Conselheiro, consequentemente, passa a ser enxergado como líder popular que lutou pelas transformações sociais no sertão.

Na década de 1980, Canudos e Antônio Conselheiro, tornaram-se referência como luta contra o latifúndio para os representantes do Movimento dos Trabalhadores Rurais sem Terra (MST):

> Canudos vive e (re)vive no seio das lutas e movimentos sociais do campo que perseguem a ideia de uma nova sociedade e lutam para transforma-la [...] Tal como em Canudos, o MST, luta por um novo projeto de sociedade, onde haja inclusão, formas mais democráticas de produção e de acesso aos direitos, distribuição mais justa de recursos, cidadania e dignidade.[319]

De acordo com Antônio F. Araújo Sá, a história de Canudos também foi rememorada pelas Comunidades Eclesiais de Base como exemplo das relações, luta pela terra/cristianismo.

> Na mesma época, com o intuito do "resgate da história e da experiência concreta e da luta heroica dos camponeses de Belo Monte", membros das comunidades eclesiais de base da paróquia de Monte Santo e um grupo de artistas, militantes de partidos de esquerda e moradores de Euclides da Cunha e Uauá, numa discussão às margens do açude do Cocorobó, decidiram criar o Novo Movimento Histórico de Canudos, em 15 de Outubro de 1983.[320]

Como procuramos expor, as primeiras representações do Conselheiro, antes e depois da Guerra de Canudos – criadas e reproduzidas, principalmente, pela imprensa – foram marcadas, em sua grande maioria, por um olhar voltado para a caracterização do beato cearense como um louco, fanático e bandido. Buscando entrar definitivamente no projeto

---

[319] MARTINS, Paulo E. M.; LAGE, Allene C. Canudos e o movimento dos Trabalhadores Rurais sem Terra (MST): singularidades e nexos de dois movimentos sociais brasileiros. *In*: VIII CONGRESSO LUSO-AFRO-BRASILEIRO DE CIÊNCIAS SOCIAIS. **Anais** [...] A questão social no novo milênio, Coimbra, 2004. p. 2-3.

[320] SÁ, Antônio Fernando de Araújo. **Filigranas da memória**: história e memória nas comemorações dos centenários de Canudos (1993-1997). 2006. 489f. Tese (Doutorado em História) – Programa de Pós-Graduação em História, Universidade de Brasília, Brasília, 2006. p. 170.

de modernidade e progresso, interessava à República brasileira mostrar enfaticamente o caráter fanático de um líder religioso que arrastava, com seu discurso, milhares de sertanejos no interior da Bahia, sendo ele, portanto, um exemplo do atraso que devia ser vencido pela civilização. Sendo assim, como explicaram Jacqueline Herman e Consuelo Novais, o regime republicano foi responsável por criar um contexto de medo em todo o território, sobretudo após a derrota da terceira expedição, visando justificar uma intervenção mais enérgica contra o arraial de Antônio Conselheiro.[321]

Com a publicação de *Os sertões*, apesar de reavaliar várias das suas posições iniciais, Euclides da Cunha continuou entendendo Conselheiro como um fanático e Belo Monte como exemplo de barbárie. A expressão "gaiola de ouro", sabiamente cunhada por José Calasans, reflete muito a força que *Os sertões* exerceu nas representações de Antônio Conselheiro até, pelo menos, as décadas de 1950 e 1960.[322] O próprio historiador sergipano foi um dos principais responsáveis por uma reavaliação nas interpretações sobre Antônio Conselheiro e seu arraial que culminaria, anos mais tarde, numa reescritura das representações do líder de Belo Monte, passando a enxergá-lo como um herói social brasileiro.

Na obra *O ciclo folclórico do Bom Jesus Conselheiro* (1950), Calasans tentou resgatar, por meio de vários elementos da cultura popular, como "estórias, milagres, profecias, cantigas, simples gerais, ditos populares",[323] o que ele considerava como uma das mais significativas manifestações do folclore no Brasil. De acordo com ele, "o ciclo folclórico do Bom Jesus Conselheiro" pode ser divido em três fases: do Apostolado, da Campanha e do Messianismo Conselheirista.

> A primeira fase, que compreende tudo quanto a imaginação popular criou e foi difundido a respeito do singular asceta nordestino – sua vida, suas ideias, sua missão divina, desde o início do seu apostolado até a deflagração da luta armada – caracteriza-se, de modo geral, pelo sentido profético e milagroso das estórias e pela clara influência dos cânticos sacros em muitos versos do ciclo.
>
> A segunda fase, onde o documentário poético é bem mais acentuado, distingue-se ainda pelo seu aspecto místico,

---

[321] SAMPAIO, 1999; HERMAN, 1996.
[322] NASCIMENTO, 2008, p. 136-37.
[323] SILVA, José Calasans B. da. **O ciclo folclórico do Bom Jesus Conselheiro**: contribuição ao estudo da Campanha de Canudos. Salvador: Tipografia Beneditina, 1950. p. 16.

> sofrendo o Conselheiro, até então herói único das estórias e cantigas, a concorrência dos chefes militares adversários, principalmente do Coronel Antônio Moreira César que, embora combatido e amaldiçoado pelos jagunços, desfruta posição primordial nos "documentos" folclóricos.
>
> A terceira e última fase, que começa com a morte do Irmão Antônio, patenteia nitidamente o messianismo da raça. Versos e estórias, infelizmente aqui apresentados em pequeno número, comprovam a crença popular na ressurreição de Antônio Conselheiro, que ressurge para tomar parte nas "guerras" de Horácio de Matos, ou para dar fim a Lampião. [...] depoimentos insuspeitos atestam que a ideia da volta do "Bom Jesus" ainda está viva entre certos remanescentes da malfadada Campanha. Antônio Conselheiro, que pregava o retorno de D. Sebastião, toma-lhe o lugar na mente sertaneja.[324]

Dessa maneira, Calasans contribuiu, com sua análise singular sobre o movimento de Canudos, para a criação de uma imagem que colocaria Antônio Conselheiro e seus seguidores como sujeitos da história. Segundo Jairo C. do Nascimento, a inserção de Calasans nos estudos sobre Antônio Conselheiro e Canudos ocorreu em meados da década de 1940, por intermédio de seus estudos sobre o folclore, nos quais "se deparou com alguns versos presentes na memória do povo sobre a guerra de Canudos".[325]

Com a publicação de *O ciclo folclórico do Bom Jesus Conselheiro* na década de 1950, Calasans foi um dos precursores de uma verdadeira reconstrução da história de Canudos e Antônio Conselheiro. Nessa época, o "olhar euclidiano" predominava como a principal referência nos estudos historiográficos sobre Canudos. A partir dessa obra, Calasans começou "gradativamente" seu "rompimento com a visão de Euclides da Cunha",[326] publicando nos anos posteriores dezenas de livros e artigos sobre a guerra de Canudos, o Conselheiro e seu arraial.[327]

Nesses trabalhos, a historiografia sobre Canudos conheceu um discurso de Antônio Conselheiro que perpassava o aspecto religioso, alcançando dimensões sociais e políticas que iam além da sua pregação contra a República, como seu posicionamento em relação à escravidão

---

[324] Ibid., p. 16.
[325] NASCIMENTO, 2008, p. 135.
[326] Ibid., p. 143.
[327] Ibid., p. 145-162.

exposta no artigo "Antônio Conselheiro e os 'treze de maio'" (1968), o que, sem dúvida, colaborou para um aprofundamento da biografia do beato cearense.[328]

Esse intento foi complementado com a escrita de diversos outros trabalhos, como *Os jagunços de Canudos* (1970), – no qual rediscute o termo jagunço e a conotação dada por Euclides – *O matricídio de Antônio Conselheiro* (1972), – em que tenta explicar as falsidades existentes na lenda reproduzida por Euclides da Cunha em *Os sertões* e vários outros estudiosos da guerra, de que Antônio Vicente Mendes Maciel teria assassinado a mãe e a esposa, além de relatar "a relação entre Antônio Conselheiro e o clero do interior baiano" – *Antônio Conselheiro, construtor de igrejas e cemitérios* (1973), – destacando seu papel social de "empreendedor social, numa região abandonada pelos governantes" ao longo de sua peregrinação pelos sertões nordestinos – *Canudos: origem e desenvolvimento de um arraial messiânico* (1973), entre outras.[329]

A contribuição prestada por Calasans é significativa também no que diz respeito à descoberta e à apresentação de várias fontes sobre Canudos e o Conselheiro, boa parte delas inéditas até então, como jornais, poesias, obras da literatura de cordel e as *Prédicas* de Antônio Conselheiro. Esses manuscritos foram reunidos por Ataliba Nogueira na coletânea *Antônio Conselheiro e Canudos* (1974) e serviram como referência para Vargas Llosa compor sua representação de Antônio Conselheiro em *La guerra del fin del mundo*.

> Esta "visión desde dentro", desde la perspectiva de los yagunzos, como la que ofrecen las Prédicas del Consejero, es la única que posibilita en parte el juicio crítico y un entendimiento equilibrado y justo sobre la clase de líder que era Antonio Consejero. Dado el carácter extraordinario de la publicación de este libro como caso aislado hasta hoy, Vargas Llosa lo utiliza para apropiarse de algunas prédicas, refundidas en la novela: "la visión de los vencidos es totalmente desconocida, en primer lugar porque no hubo entre ellos ningún testigo que llegase a escribirla. La versión que dieron los otros [la historiografía oficial] era totalmente subjetiva y deformada. Sólo ahora, lentamente, comienzan

---

[328] *Ibid.*, p. 146-147.
[329] *Ibid.*, p. 146-162.

a aparecer algunos rasgos de esa otra cara de la historia. Eso deja un margen enorme para la imaginación".[330]

Em outras palavras, a revisão bibliográfica e documental empreendida por José Calasans e outros intelectuais, como Ataliba Nogueira, Rui Facó, Edmundo Moniz, foi decisiva para o status de bandido-fanático perder espaço para o de herói-engajado, surgindo um ressignificado com toda força narrativa e ideológica mediante esses escritos.

A partir do final da década de 1960, os estudos sobre Canudos ganham uma nova roupagem, fornecida pelas interpretações de intelectuais de esquerda. Nesse sentido, obras como *Cangaceiros e fanáticos: gênese e lutas* (1963), de Rui Facó (1913-1963), e *A guerra social de Canudos* (1978), de Edmundo Moniz, mostram-se como os exemplos mais contundentes dessa historiografia, que buscou o resgate de uma história de Canudos a partir do viés da luta pela terra e das injustiças sociais, configurando-se, assim, uma renovação na escrita sobre o tema.[331]

Para esses intelectuais militantes, Canudos teve uma importância ímpar na história do Brasil, pois houve ali uma possibilidade concreta da materialização de uma sociedade igualitária, em que o privado deixaria de existir e o comunismo prevaleceria. Com isso, Belo Monte e seus fiéis defensores tornaram-se um modelo possível de uma sociedade socialista brasileira no futuro.

Foi no calor dessas mudanças nas representações do Conselheiro que Vargas Llosa tomou contato com a história de Canudos. A partir de todas essas referências, ele construiu o Conselheiro que aparece em *La guerra del fin del mundo* como o líder utópico e messiânico de um grupo de sertanejos esquecidos no interior do Brasil. Assim, o projeto de escrita de Vargas Llosa perpassa o caráter meramente artístico, tornando-se um escrito com características de resgate memorialístico e um manifesto de suas novas concepções político-ideológicas: "Estimulado por sua conversão política e econômica, ele publicaria, 1981, um longo e magnífico romance, *A guerra do fim do mundo* [...] O romance certamente reflete a grande transformação nas opiniões políticas de Vargas Llosa".[332]

Além dos méritos estéticos e estilísticos da obra (um romance de fôlego, no estilo realista, que almejava desde o início da sua carreira),

---

[330] BERNUCCI, 1989, p. 13.
[331] SILVA, 1997, p. 13-14.
[332] KRAUZE, Enrique. **Os redentores**: ideias e poder na América Latina. São Paulo: Saraiva, 2011. p. 450-451.

percebe-se, também, a sua importância política, já que se trata de mais um manifesto de Vargas Llosa contra o fanatismo e a barbárie, representados pelas ditaduras (seja ela de direita ou esquerda), evidenciando nacionalismos e populismos que ele entendia como partes integrantes da história da América Latina.

O período da escrita de *La guerra del fin del mundo* marca, ainda, o início de uma nova concepção política do escritor peruano, que o levou à candidatura para presidência de seu país, em 1990, cuja imagem de liberal atingiria o ápice. Por esses e outros aspectos, *La guerra del fin del mundo* não é apenas a reescrita de um tema clássico, a Guerra de Canudos (que só por isso lhe daria alguma notoriedade), mas um clássico da literatura latino-americana.

CONSIDERAÇÕES FINAIS

Ao longo do texto procurei explicar como as representações de Antônio Mendes Maciel, ou simplesmente, Antônio Conselheiro, foram elaboradas a partir de dois contextos históricos completamente distintos: um que vai do final do século XIX ao início do XX; o outro que se situa no final do século XX. A partir disso, busquei entender como foram construídas, reelaboradas e reescritas imagens textuais sobre essa figura histórica tão emblemática e estudada, enfocando, para tal tarefa, a obra de dois importantes escritores: Euclides da Cunha e Mario Vargas Llosa. Separados no tempo e no espaço, esses intelectuais desfrutaram da experiência de reconstruir, por meio da escrita, o significado histórico e social de Antônio Conselheiro e da Guerra de Canudos.

Para Euclides da Cunha, derrotar o "arraial maldito", fundado por Antônio Conselheiro, mostrava-se um evidente sinal da consolidação definitiva do regime republicano e, também, a chegada da civilização naquelas terras longínquas, extremamente necessário, de acordo com suas ideias, para o avanço do país rumo à modernidade.

Por outro lado, para o ilustre intelectual peruano, esse tema, também utilizado como exemplo de exposição de seus pensamentos ideológicos, ganhou o status de evento síntese da história do continente americano, no qual – como já havia acontecido outras vezes no passado – o embate entre civilização e barbárie foi um dos desencadeadores do conflito. De acordo com o pensamento de Vargas Llosa, desde o período da colonização europeia, passando pelo contexto das emancipações, até os dias atuais, as tentativas de estabelecimento de uma identidade única, num continente multicultural e diverso, vêm agravando a posição dos países latino-americanos como subdesenvolvidos, pois ao invés de gastarem os seus recursos em uma sistemática modernização, desperdiçaram-nos em guerras, conflitos e querelas internas que só geraram banhos de sangue e perdas de todos os tipos de recursos.

Dessa forma, entendo que, apesar de vivenciarem contextos históricos distintos, o conceito de civilização aparece no centro das suas respectivas concepções, políticas, artísticas e ideológicas. Tanto para Euclides da Cunha como para Vargas Llosa, a civilização estava diretamente atrelada a uma imitação do modelo europeu de sociedade.

Seja no contexto em que Euclides da Cunha escreveu sua obra-mestra como na produção de *La guerra del fin del mundo* – oitenta anos depois –, ambos os intelectuais buscavam nos países europeus os modelos ideais para a transformação de suas respectivas realidades (Brasil/Peru e América Latina), e, sem dúvida, transplantaram essas ideias para os seus escritos. Dessa maneira, entendo que a Guerra de Canudos foi o evento "perfeito", encontrado por Euclides da Cunha e Mario Vargas Llosa para expressarem e reclamarem seus vários tipos de anseios e inquietações.

Destarte, fica evidente a importância de Antônio Conselheiro como o líder do arraial que tanto incomodou as autoridades republicanas para o entendimento da guerra e, consequentemente, para a construção de *Os sertões* e de *La guerra del fin del mundo*. Esse indivíduo histórico e romanesco que, com suas prédicas e ações, sacudiu o sertão baiano, tornou-se tão marcante que foi – e continua sendo – exaustivamente pesquisado e reescrito devido à toda a sua potencialidade narrativa. Porém, mesmo com todo o esforço de compreendê-lo, corroboro com a ideia de Vargas Llosa de que ninguém conseguiu entendê-lo na totalidade. O estudo sobre as representações de Conselheiro mostra-nos a complexidade da personalidade e das ações desse importante líder popular da história brasileira.

Mesmo com a rica teia textual que relata a Guerra de Canudos e a história de Antônio Conselheiro até os dias atuais, acredito que, para muitos brasileiros, a figura do beato de Canudos ainda é lembrada segundo diversos pontos de vista: fanático religioso, monarquista, santo, herói, bandido etc.

Sem dúvida, a diversidade de percepções sobre Antônio Conselheiro e suas ações é uma das principais marcas dessa personagem histórica que está em constante reconstrução. Entendo, dessa maneira, que a literatura e a historiografia foram – e continuam sendo –, responsáveis diretas na criação e na recriação de representações do beato cearense.

Este livro buscou elucidar como foram criadas as primeiras representações de Antônio Conselheiro. Como vimos, ela foi construída a partir de diversos referenciais textuais, como jornais, revistas, relatórios, ensaios, discursos, obras memorialísticas, historiográficas e de ficção. Dessa forma, procuramos mostrar que as primeiras representações literárias sobre o líder sertanejo foram compostas por um rico cruzamento das imagens fornecidas por essas variadas fontes, em cruzamento de História e ficção. Por isso entendo que Antônio Conselheiro foi uma personalidade histórica profundamente moldada na literatura e pela literatura.

As primeiras imagens sobre o Conselheiro, elaboradas por indivíduos que, em sua maioria, foram "testemunhas oculares" ou tiveram participação, direta ou indireta na guerra, e julgam-se fiéis à realidade (jornalistas, médicos, oficiais do exército, cientistas), mostraram-se – e ainda se mostram – fundamentais na construção da historiografia e, também, na dimensão memorialística que investiga e rememora Canudos e seu líder.

Como apontam os estudiosos, evidenciamos nas duas últimas décadas, um crescimento significativo de obras de ficção sobre Antônio Conselheiro e Canudos que, por motivos de espaço e objetivos, não foram tratadas no presente livro, mas que têm uma relevância visível, não devendo ser negligenciadas em um estudo mais amplo sobre as representações de Conselheiro.

Evidentemente, apenas *La guerra del fin del mundo*, apesar de todos os seus méritos literários e memorialísticos, não nos permite fazer conjecturas mais gerais sobre os significados das representações de Conselheiro na literatura pós-Euclides da Cunha, ou até mesmo de seus contemporâneos. Contudo é importante salientar que o estudo de *La guerra del fin del mundo* possibilita-nos esclarecer várias questões importantes de caráter intertextual e das relações entre História, literatura e memória, principalmente com *Os sertões*.

Para um estudo mais aprofundado das representações de Conselheiro na literatura seria necessária uma análise mais pormenorizada das obras diretamente influenciadas por *Os sertões* como *A brasilian mistic: being the life and miracles of Antonio Conselheiro* (1919), de Robert C. B. Cunninghame Graham (1852-1936); *Le mage du Sertão*, de Lucien Marchal (1952); e *Verecdito em Canudos* (1970), de Sándor Márai (1900-1989). Ou, algumas mais atuais, que partem de outras perspectivas, como *A casca da serpente* (1989), com o realismo fantástico de José J. Veiga (1915-1999); *As meninas de Belo Monte* (1993), de José Júlio Chiavenato; e *Canudos – Memórias do Frei Evangelista do Monte Marciano* (1997), de Ayrton Marcondes.

Não podemos nos esquecer de outros títulos, como o romance *Capitão jagunço* (1959), de Paulo Dantas, assim como a contribuição da sétima-arte, com várias representações baseadas no tema, como *Deus e o Diabo na terra do Sol* (1964), de Glauber Rocha (1939-1981), e os filmes mais recentes sobre Canudos, a exemplo de *Guerra de Canudos* (1997), de Sérgio Rezende. Essas obras cinematográficas são importantes para analisarmos as representações de Antônio Conselheiro na medida em que tanto foram influenciadas como exerceram influência na produção textual sobre Canudos.

Várias dessas obras citadas foram importantes, pois começaram a promover análises que colocam Antônio Conselheiro e seus seguidores como protagonistas, e também por mostrar aspectos do cotidiano do arraial de Belo Monte (religião, costumes, anseios e lutas), contestando, dessa maneira, uma memória e uma historiografia sobre o assunto que tenta resgatar Canudos a partir de uma visão unilateral.

Por toda a variedade que essas obras literárias apresentam, estudá-las de mais detalhadamente, contemplando também o processo da evolução historiográfica sobre Canudos e Antônio Conselheiro durante o século XX, bem como todas as trocas existentes entre História e literatura, reforçaria a ideia de que as relações entre esses campos do saber ainda têm muito a contribuir no conhecimento da construção das representações de Antônio Conselheiro no imaginário popular, notadamente seu consequente reflexo em diversas formas de escrita.

FONTES

1. JORNAIS

A Tarde, Salvador: 6 de setembro de 1979.

A Tarde, Salvador: 18 de julho de 1982.

Diário da Bahia, Salvador: 27 de junho de 1876.

Libertador, Fortaleza: 5 de fevereiro de 1890.

O Rabudo, Estância: 22 de novembro de 1874.

2. REVISTAS

CANUDOS renasce com "A Guerra do Fim Mundo". **Veja**, São Paulo, n. 688, p. 84-92, 11 nov. 1981.

MONIZ, Edmundo. Canudos: o suicídio literário de Vargas Llosa. **Encontros com a Civilização Brasileira**, Rio de Janeiro, n. 29, p. 7-20, 1982.

LLOSA, Mario Vargas. La guerra de Canudos: historia y ficción. **Revista do Instituto Geográfico e Histórico da Bahia**, Salvador, n. 94, p. 79-02, jan./dez. 1998.

REVISTA Trimestral do Instituto do Ceará, Ceará, ano I, tomo I, p. 261-262, 1887, 1º, 2º e 3º trimestres de 1887.

3. ROMANCES E OUTROS LIVROS

AGUIAR, Durval V. de. **Descrições práticas da Província da Bahia**: com declaração de todas as distancias intermediárias das cidades, villas e povoações. 1. ed. Typographia do Diário da Bahia: Salvador, 1888. p. 76.

ARINOS, Afonso. **Os jagunços**: novela. 3. ed. Rio Janeiro: Philobibilion, 1985.

ASSIS, Machado. **A semana**. 1896. Disponível em: www.cce.ufsc.br/~alckmar/literatura/literat.html. Acesso em: 20 nov. 2012.

ASSIS, Machado. **Páginas recolhidas**. 1899. Disponível em: www.cce.ufsc.br/~alckmar/literatura/literat.html. Acesso em: 20 nov. 2012.

BENÍCIO, Manoel. **O rei dos jagunços**: crônica histórica e de costumes sertanejos sobre os acontecimentos de Canudos. Brasília: Senado Federal, 1997.

DIMAS, Antônio (org.). **Vossa insolência**. São Paulo: Companhia das Letras, 1996.

GRAHAM, Robert. C. **Um místico brasileiro**: vida e milagres de Antônio Conselheiro. Tradução de Gênese Andrade e Marcela A. C. Silvestre. São Paulo: Sá; Editora da Universidade Estadual Paulista, 2002.

MILTON, Aristides A. **A campanha de Canudos**. v. 5. Brasília: Edições do Senado Federal, 2003.

RODRIGUES, Raimundo N. **As colletividades anormaes**. 1. ed. Rio de Janeiro: Civilização Brasileira, 1939.

4. LIVROS DE EUCLIDES DA CUNHA

CUNHA, Euclides da. **Caderneta de campo**. 1. ed. Introdução, notas e comentário de Olímpio de Souza Andrade. São Paulo: Cultrix, 1975.

CUNHA, Euclides da. **Canudos**: diário de uma expedição. São Paulo: Martin Claret, 2003.

CUNHA, Euclides da. **Canudos**: diário de uma expedição. Rio de Janeiro: Editora José Olympio, 1939.

CUNHA, Euclides da. **Os sertões**: campanha de Canudos. São Paulo: Abril Cultural, 1982.

CUNHA, Euclides da. **Os sertões**. Edição Crítica de Walnice Galvão. 2 ed. São Paulo: Ática, 1996.

CUNHA, Euclides da. **Os sertões**: campanha de Canudos. Edição, prefácio, cronologia notas e índices de Leopoldo Bernucci. São Paulo: Ateliê Editorial; Imprensa Oficial do estado; Arquivo do Estado, 2001.

5. LIVROS DE VARGAS LLOSA

LLOSA, Mario Vargas. **La guerra del fin del mundo**. 1. ed. Barcelona: Seix Barral, 1981.

LLOSA, Mario Vargas. **A guerra do fim do mundo**: a saga de Antônio Conselheiro na maior aventura literária de nossa época. Tradução de Remy Gorga Filho. 5. ed. Rio de Janeiro: Francisco Alves, 1982.

LLOSA, Mario Vargas. **Peixe na água**: memórias. São Paulo: Companhia das Letras, 1994.

LLOSA, Mario Vargas. **A verdade das mentiras**. Tradução de Cordelia Magalhães. São Paulo Arx, 2004.

LLOSA, Mario Vargas. **A guerra do fim do mundo**. Tradução de Paulina Watht e Ari Roitman. Rio de Janeiro: Objetiva, 2008.

LLOSA, Mario Vargas. **Mario Vargas Llosa**: elogio de la lectura y la ficción – Discurso Nobel. Estocolmo: Fundação Nobel, 2010.

LLOSA, Mario Vargas. **Sabres e utopias**: visões da América Latina. Rio de Janeiro, objetiva, 2010.

6. FONTES IMPRESSAS

ANNAES da Câmara dos Senhores Deputados do Estado Federado da Bahia. **Sessões do ano de 1894**. vl. I. Salvador: Tipografia do Correio de Notícias, 1894.

MARCIANO, João Evangelista de M. **Relatório sobre Antônio Conselheiro e seu Séquito no Arraial dos Canudos**. Bahia: tipografia do Correio de Notícias, 1895.

MENSAGEM do Sr. Governador da Bahia ao Sr. Presidente da República: sobre os antecedentes e ocorrências das expedições contra Antônio Conselheiro e seus sequazes. Salvador: Tipografia do Correio de Notícias, 1897.

REFERÊNCIAS

AMADO, Janaína. **A revolta dos Mucker**. São Leopoldo: Editora da Universidade do Vale do Rio dos Sinos, 2002.

AMORY, Frederic. **Euclides da Cunha**: uma odisseia nos trópicos. São Paulo: Ateliê Editorial, 2009.

AMORY, Frederic. Os sertões: temas e fontes. *In:* AMORY, Frederic. **Euclides da Cunha**: uma odisseia nos trópicos. São Paulo: Ateliê Editorial, 2009, p. 166-168.

ANDRADE, Olímpio de Sousa. **História e interpretação de "Os Sertões"**. São Paulo: Edart, 1966. (Coleção Visão do Brasil).

ARINOS, Afonso. **Os jagunços**. Rio de Janeiro: Philobiblion, 1985

BANDEIRA, Alberto Luiz Moniz. O sentido social e o contexto político da Guerra de Canudos. **Revista Instituto Histórico e Geográfico do Brasil (IHGB)**, Rio de Janeiro, ano 158, n. 396, p. 739-755, jul./set. 1997.

BASTOS, José A. C. B. **Incompreensível e bárbaro inimigo**. Salvador: Editora da Universidade Federal da Bahia, 1998.

BARLET, Dawid D. **Sertão, república e nação**. São Paulo: Editora da Universidade de São Paulo, 2009.

BARRETO, Emídio D. **Última expedição a Canudos**. 1. ed. Porto Alegre: Franco e Irmão, 1898. p. 14.

BENJAMIM, Walter. **Magia e técnica, arte e política**: ensaios sobre literatura e história da cultura. São Paulo: Brasiliense, 1994.

BERNUCCI, Leopoldo M. **Historia de un malentendido**: un estudio transtextual de la guerra del fin del mundo de Mario Vargas Llosa. New York: Lang, 1989.

BERNUCCI, Leopoldo M. **A imitação dos sentidos**: prógonos, contemporâneos e epígonos de Euclides da Cunha. São Paulo: Editora da Universidade de São Paulo, 1995.

BOVO, Ana Paula. **Antônio Conselheiro** – Os vários. 2007. 128f. Dissertação (Mestrado em Teoria e História Literária) – Instituto de Estudos da Linguagem, Universidade Estadual de Campinas, Campinas, 2007.

BURKE, Peter. **Variedades de história cultural**. Rio de Janeiro: Civilização Brasileira, 2008.

CALIPO, Daniela. "Canção de Piratas": Antônio Conselheiro e Vitor Hugo na crônica de Machado de Assis. **Revista Eutomia**, Recife, ano I, n. 1, p. 202-212, 2008.

CAMPOS, Francisco A. C. de. **A gazeta de notícias do Rio de Janeiro (1896-7) e La guerra del fin del mundo (1981) de Mario Vargas Llosa**. Uma análise comparativa entre o discurso republicano e a (re) criação literária. 2007. 2013f. Dissertação (Mestrado em Letras) – Faculdade de Ciências e Letras de Assis, Universidade Estadual Paulista, São Paulo, 2007.

CARDOSO, Ciro Flamarion S.; VAINFAS, Ronaldo (org.). **Domínios da história**: ensaios de teoria metodologia. Rio de Janeiro: Campus, 1997.

CARVALHO, José M. **Os bestializados**. O Rio de Janeiro e a República que não foi. São Paulo: Companhia das Letras, 1987.

CÂNIDO, Antônio. **Literatura e sociedade**. São Paulo: Publifolha, 1982.

CHALHOUB, Sidney; PEREIRA, Leonardo Affonso de M. (org.). **A história contada**: capítulos de história social da literatura no Brasil. Rio de Janeiro: Nova Fronteira, 1998.

CHALHOUB, Sidney. **Machado de Assis, historiador**. São Paulo Companhia das Letras, 2003.

CHARTIER, Roger. **A beira da Falésia**: a história entre incertezas e inquietude. Porto Alegre: Editora da Universidade Federal do Rio Grande do Sul, 2002.

CHARTIER, Roger. **A história cultural**: entre práticas e representações. Lisboa: Difel, 2002.

CHARTIER, Roger. O mundo como representação. **Revista Estudos Avançados**, São Paulo, p. 173-191, 1991.

CHARTIER, Roger. Uma breve leitura do tempo. [Entrevista cedida a Jacira Cabral]. **Extra Classe**, Porto Alegre, n. 113 Entrevista – 18 maio 2007. Disponível em: https://www.extraclasse.org.br/cultura/2007/05/uma-breve-leitura-do-tempo. Acesso em: 22 jun. 2024.

CHIAPPINI, Ligia, AGUIAR, Wolf de (org.). **Literatura e história na América Latina**. São Paulo: Editora da Universidade de São Paulo, 2001.

COSTA, Flávio J. S. **Antônio Conselheiro louco?** Ilhéus: Editora da Universidade Estadual de Santa Cruz, 1998.

CRUZ, Gutemberg. **A mulher de roxo foi a personagem lendária de Salvador**. Salvador, 9 out. 2006. Disponível em: http://blogdogutemberg.blogspot.com/2006/10/mulher-de-roxo-foi-personagem-lendria.html. Acesso em: 16 fev. 2013.

ELMORE, Peter. Renan, Euclides, Cunninghame Graham, Borges: a chave gnóstica. *In:* BERNUCCI, Leopoldo M. (org.). **Discurso, ciência e controvérsia em Euclides da Cunha**. São Paulo: Editora da Universidade de São Paulo, 2008.

FALCON, Francisco J. Calasans. História e representação. **Revista de História das Ideias**. Instituto de História e teoria das ideias, Faculdade de Letras da Universidade de Coimbra, Coimbra, v. 21, p. 91, 2000.

FERNANDES, Rinaldo de. **O clarim e a oração**: cem anos de Os Sertões. São Paulo: Geração Editorial, 2002. p. 411-437.

FERNANDES, Rinaldo N. **Mundo múltiplo**: uma análise do romance histórico La guerra del fin del mundo. 2002. 261f. Tese (Doutorado em Letras) – Instituto de Estudos da Linguagem, Universidade Estadual de Campinas, Campinas, 2002.

FILHO, Joaquin Antônio de Novaes. A reconstrução da memória de Canudos no romance realista-fantástico. *In*: IV ENCONTRO ESTADUAL DE HISTÓRIA ANPUH/BA, 4., 2009, Vitória da Conquista. **Anais Eletrônicos** [...]. Vitória da Conquista: Edições Uesb/Associação Nacional de História-BA, 2009.

GAGNEBIN, Jeanne M. Memória, história, testemunho. *In*: NAXARA, Márcia Regina; BRESCIANI, Maria Stella (org.). **Memória e (re) sentimento**: indagações sobre uma questão sensível. Campinas: Editora da Unicamp, 2004. p. 85-94.

GALVÃO, Walnice. **No calor da hora**: a guerra de Canudos nos jornais. 4a. expedição. São Paulo: Ática, 1994.

GALVÃO, Walnice. Fato e ficção na obra de Euclides da Cunha. **História, Ciências, Saúde** – Manguinhos. v. 5, p. 287-313, jul. 2008.

GARCIA, Simone. **Canudos**: história e literatura. Florianópolis: HD Livros, 2002.

GINZBURG, Carlo. **O fio e os rastros**: verdadeiro, falso, fictício. São Paulo: Companhia das Letras, 2007.

GINZBURG, Carlo. Sinais: raízes de um paradigma indiciário. *In*: GINZBURG, Carlo. **Mitos, emblemas, sinais**: morfologia e História. São Paulo: Companhia das Letras, 1989.

GINZBURG, Carlo. Representação: a palavra, a ideia, a coisa. *In*: GINZBURG, Carlo. **Olhos de madeira**: nove reflexões sobre à distância. São Paulo: Companhia das Letras, 2001.

GRANÉS, Carlos. Uma luta instintiva pela liberdade. *In*: LLOSA, Mario Vargas. **Sabres e utopias**: visões da América Latina. Rio de Janeiro: Objetiva, 2010. p. 17-19.

GUEDES, Rebeca S. de A. **Os sertões e a casca da serpente**: a reescritura como significação. 2010. 140f. Dissertação (Mestrado em Letras – Teoria da Literatura) – Programa de Pós-graduação em Letras. Universidade Federal de Pernambuco, 2010.

GUEDES, Rebeca S. de A. Os sertões e a guerra do fim do mundo: a reescritura a serviço da memória. *In:* VIII REUNIÓN DE ANTROPOLOGÍA DEL MERCOSUL (RAM) - Buenos Aires. **Anais Eletrônicos** [...] Buenos Aires, 2009. Disponível em: http://www.ram2009.unsam.edu.ar/. Acesso em: 20 jun. 2010.

GUTIÉRREZ, Angela. R. M. de. **Vargas Llosa e o romance possível da América Latina**. Fortaleza: Sette Letras, 1996.

HALBWACHS, Maurice. **A memória coletiva**. São Paulo: Centauro, 2006.

HERMAN, Jacqueline. Canudos destruído em nome da República: uma reflexão sobre as causas políticas do massacre de 1897. **Revista Tempo**, Rio de Janeiro, v. 2, n. 3, p. 81-105, 1996.

KRAUZE, Enrique. **Os redentores**: ideias e poder na América Latina. São Paulo: Saraiva, 2011.

SANTOS, Jadilson Pimentel dos. **O legado artístico-visual concebido em torno de Antônio Conselheiro e publicado em jornais da última metade do século XIX**. Rio de Janeiro, v. VII, n. 3, jul./set. 2012. Disponível em: http://www.dezenovevinte.net/obras/antonio_conselheiro.htm. Acesso em: 15 fev. 2013.

LEITE, Leonardo G. A escrita e a reescrita do romance total da América Latina: De Os Sertões a guerra do fim do mundo. *In*: PIRES, Antônio L. C. S.; CARDOSO, Lucineide C; PEREIRA, Nuno G. (org.). **Nas margens do tempo**: histórias em construção. Curitiba: Progressiva, 2010. p. 321-336.

LEITE, Leonardo G. A guerra do fim do mundo chega ao Brasil: interpretações e disputas de memória em torno de Antônio Conselheiro e Canudos. *In*: III ENCONTRO BAIANO DE ESTUDOS EM CULTURA, 2012. **Anais** [...], Cachoeira, 2012.

LIMA, Luiz C. **História**. Ficção. Literatura. São Paulo: Companhia das Letras, 2006.

MARTINS, Claudia M. **Em busca de um paraíso**: o messianismo em La guerra del fin del mundo e Videiras de Cristal. 1998. 213f. Dissertação (Mestrado em Letras) – Instituto de Letras e Artes, Pontifícia Universidade Católica do Rio Grande do Sul, Porto Alegre, 1998.

MARTINS, Paulo E. M.; LAGE, Allene C. Canudos e o movimento dos Trabalhadores Rurais sem Terra (MST): singularidades e nexos de dois movimentos sociais brasileiros. *In*: VIII CONGRESSO LUSO-AFRO-BRASILEIRO DE CIÊNCIAS SOCIAIS. **Anais** [...] A questão social no novo milênio, Coimbra, 2004.

MEDEIROS, Ruy H. A.; CASTANHO, Sérgio Eduardo M. Pátria e utilidade do texto nos livros escolares: Durval vieira de Aguiar e suas Descrições práticas da província da Bahia. *In*: IX SEMINÁRIO NACIONAL DE ESTUDOS E PESQUISAS: HISTÓRIA, SOCIEDADE E EDUCAÇÃO NO BRASIL, 2012. **Anais** [...] Universidade Federal da Paraíba, João Pessoa, 2012.

MENTON, Seymour. **La guerra contra el fanatismo de Mario Vargas Llosa**. 1989. Disponível em: http://cvc.cervantes.es/literatura/aih/pdf/10/aih_10_4_001.pdf. Acesso em: 12 dez. 2012.

MONIZ, Edmundo. **Canudos**: o suicídio literário de Vargas Llosa. Encontros com a Civilização Brasileira. Rio de Janeiro: Civilização Brasileira, 1982.

MONIZ, Edmundo. **Canudos**: a luta pela terra. São Paulo: Global, 2001.

MOREIRA, Raimundo N. P. **E Canudos era a vendeia**: o imaginário da Revolução Francesa na construção narrativa de Os Sertões. São Paulo: Annablume, 2009.

NASCIMENTO, Jairo C. **José Calasans e Canudos**: a história reconstruída. Salvador: Editora da Universidade Federal da Bahia, 2008.

NOVAIS FILHO, Joaquim A. de. Antônio Conselheiro na mira da imprensa baiana. *In*: VII ENCONTRO NACIONAL DE HISTÓRIA DA MÍDIA, 2011, Guarapuava, Paraná. **Anais** [...]. Guarapuava: Unicentro, 2011. v. 1, p. 1-14.

O RABUDO. Estância: 22 nov. 1874. Disponível em: http:// www.portifolium.com. Acesso em: 13 set. 2012.

OTTEN, Alexandre. **Só Deus é grande**: a mensagem religiosa de Antônio Conselheiro. São Paulo: Loyola, 1990.

PESAVENTO, Sandra J.; LEENHARDT, Jacques. **Discurso histórico e narrativa literária**. Campinas: Editora da Universidade Estadual de Campinas, 1998.

PESAVENTO, Sandra J. **História e história cultural**. Belo Horizonte: Autêntica, 2003.

REGO, Djair T. **Polifonia, dialogismo e procedimentos transtextuais na leitura do romance La guerra del fin del mundo, de Mario Vargas Llosa**: Pró dromos e Epígonos. 2008. 220f. Tese (Doutorado em Letras) – Universidade Federal da Paraíba, João Pessoa, 2008.

REGO, Tarciso Gomes do. **Vargas Llosa reescreve Euclides**: uma proposta de Brasil. Dissertação (Mestrado em Letras Neolatinas) – Faculdade de Letras, Universidade Federal do Rio de Janeiro, Rio de Janeiro, 2010.

REVEL, Jacques. **Jogos de escala**: a experiência da microanálise. Rio de Janeiro: Editora da Fundação Getúlio Vargas, 1998.

RISSATO, Felipe Pereira. Canudos (telegramas de uma expedição). *In*: ANDRADE, Juan C. P. de (org.). **Artigos**. Disponível em: http://euclidesite.wordpress.com. Acesso em: 5 fev. 2012.

SÁ, Antônio Fernando de Araújo. **Filigranas da memória**: história e memória nas comemorações dos centenários de Canudos (1993-1997). 2006. 489f. Tese (Doutorado em História) – Programa de Pós-Graduação em História, Universidade de Brasília, Brasília, 2006.

SAMPAIO, Consuelo N. (org.). **Canudos**: cartas para o barão. São Paulo: Editora da Universidade de São Paulo, 1999.

SCHERER, Marta E. Garcia. **Bilac sem poesia**: crônicas de um jornalista da Belle Époque. 2008. 259f. Dissertação (Mestrado em Literatura) – Curso de Pós-Graduação em Literatura, Universidade Federal de Santa Catarina, Florianópolis, 2008.

SCHWARCZ, Lilia M. As faculdades de medicina ou como sanar um país doente. *In*: SCHWARCZ, Lilia M. **O espetáculo das raças**: cientistas, instituições e questão racial no Brasil (1870-1939). São Paulo: Companhia das Letras, 1993.

SETTI, Ricardo A. **Conversas com Vargas Llosa**. São Paulo: Brasiliense, 1986.

SEVCENKO, Nicolau. **Literatura como missão**: tensões sociais e criação cultural na Primeira República. São Paulo: Companhia das Letras, 2003.

SILVA, José Calasans B. da. **O ciclo folclórico do Bom Jesus Conselheiro**: contribuição ao estudo da Campanha de Canudos. Salvador: Tipografia Beneditina, 1950.

SILVA, José Calasans B. **Canudos na literatura de cordel**. São Paulo: Ática, 1984.

SILVA, José Calasans B. **Cartografia de Canudos**. Salvador: Secretaria da Cultura e Turismo, Conselho Estadual de Cultura: Empresa Gráfica da Bahia, 1997.

SILVA, José Calasans B. **No tempo de Antônio Conselheiro**: figuras e fatos da Campanha de Canudos. Disponível em: http://josecalasans.com/downloads/no_tempo_de_antonio_conselheiro[1959].pdf. Acesso em: 18 fev. 2013.

SILVA, José Calasans B. **Notícias sobre Antônio Conselheiro**. Salvador: Centro de Estudos Baianos, 1968.

SILVA, José Calasans B. **Quase biografias de jagunços**: o séquito de Antônio Conselheiro. Salvador: Companhia Energética da Bahia; Universidade Federal da Bahia, 1986.

SILVA, Rogério S. **Antônio Conselheiro**: a fronteira entre a civilização e a barbárie. São Paulo: Annablume, 2001.

SILVA, José M. de O. Rever Canudos: historicidade e religiosidade popular (1940-1995). **Textos de História, Revista do Programa de Pós-graduação em História da UNB**, Brasília, v. 5, n. 1, p. 5-18, 2011. Disponível em: https://periodicos.unb.br/index.php/textos/article/view/27750. Acesso em: 12 ago. 2024.

VENTURA, Roberto. **Retrato interrompido da vida de Euclides da Cunha**: esboço biográfico. São Paulo: Companhia das Letras, 2003.

VILLA, Marco A. **Canudos**: o povo da terra. São Paulo: Ática, 1995.

ZILLY, Berthold. A guerra como espetáculo: a história encenada em Os Sertões. Revista **História, Ciências, Saúde**, Manguinhos, v. 5, suplemento, p. 13-37, jul. 1998.

WEINHARDT, Marilene. Os jagunços ou os tortuosos caminhos da nacionalidade. **Letras**, Curitiba, n. 39, p. 47-62, 1990.

WHITE, Hayden. O texto histórico como artefato literário. *In:* WHITE, Hayden. **Trópicos do discurso**: ensaios sobre a crítica da cultura. São Paulo: Editora da Universidade de São Paulo, 2001. p. 97-116.